In der Abenddämmerung des Fastnachtsamstags 1913 wird ein Unbekannter in Dragoneruniform im Mainzer Dom erdolcht. Wer ist sein Mörder? Wo liegen die Motive für die rätselhafte Bluttat? Während des turbulenten Treibens der Mainzer Fastnacht versucht der Staatsanwalt diese Fragen zu klären. Im Morgengrauen des Aschermittwochs finden nicht nur Mummenschanz und Maskenspiel des Narrenvolks ihr nüchternes Ende; die Demaskierung reißt mehr vom Gesicht als nur die spielerisch aufgesetzte Maske: der Ermordete hat die Betroffenen zur »Fastnachtsbeichte« gezwungen, sein Tod sie dazu geführt, vor sich selbst, ihren Mitmenschen und Gott ihre Schuld zu bekennen.

Carl Zuckmayer erzählt die ›Fastnachtsbeichte‹ im Volkston eines romantischen Märchens und zugleich mit der inneren Spannung eines dramatischen Geschehens. Aus der Welt E. T. A. Hoffmanns und Edgar Allan Poes scheinen einige der von unheimlichen Ahnungen und Ängsten getriebenen Gestalten entnommen. Doch entscheidend für die Welt dieser Erzählung sind nicht Verwechslung, Rollen- und Maskentausch und Doppelgestalt. Diese äußeren Elemente spiegeln bedeutsame tiefenpsychologische Zusammenhänge wider und offenbaren ein modernes Menschenbild an der Grenze zwischen Bewußtem und Unbewußtem, zwischen Verantwortung und Kreatürlichkeit, zwischen Geist und Trieb.

Carl Zuckmayer wurde 1896 in Nackenheim am Rhein geboren, er wuchs in Mainz auf, studierte in Frankfurt und Heidelberg und ging 1920 nach Berlin. Die Theaterpraxis lernte er als Dramaturg in Kiel, München und Berlin kennen. Seit dem ›Fröhlichen Weinberg‹, für den er den Kleist-Preis erhielt, wurde er – in der Nachfolge Gerhart Hauptmanns – zum meistgespielten Dramatiker Deutschlands. 1933 erhielt er Aufführungsverbot. Carl Zuckmayer verließ Deutschland: Er ließ sich zunächst in Österreich nieder, emigrierte dann in die Schweiz und die USA. Seit 1958 war er in Saas-Fee in der Schweiz ansässig. Dort starb er am 18.1.1977. Carl Zuckmayer wurde der Ehrendoktor der Universität Bonn verliehen; er war Mitglied der Friedensklasse des Ordens »Pour le Mérite«; 1952 erhielt er den Goethe-Preis der Stadt Frankfurt, 1955 das Große Bundesverdienstkreuz und 1972 den Heinrich-Heine-Preis.

Carl Zuckmayer
Die Fastnachtsbeichte

Fischer
Taschenbuch
Verlag

134.–136. Tausend: Oktober 1994

Ungekürzte Ausgabe
Veröffentlicht im Fischer Taschenbuch Verlag GmbH,
Frankfurt am Main, Juni 1975

Lizenzausgabe mit Genehmigung
des S. Fischer Verlages GmbH, Frankfurt am Main
© 1959, 1971 by Carl Zuckmayer
Gesamtherstellung: Clausen & Bosse, Leck
Printed in Germany
ISBN 3-596-21599-4

Gedruckt auf chlor- und säurefreiem Papier

Die Fastnachtsbeichte

Am Fastnachtsamstag des Jahres 1913 – es war ein trübkühler, dämmeriger Nachmittag Mitte Februar – betrat ein Mensch in der Uniform des sechsten Dragonerregiments durch einen Nebeneingang am Liebfrauenplatz das schwach erleuchtete Seitenschiff des Mainzer Doms. Unweit, am Gutenbergplatz, vor dem neuen Stadttheater, von dessen offnem Balkon herab sich Prinz und Prinzessin Karneval in ihrem barocken Aufputz der Menge zeigten, wurden grade, wie in jedem Jahr, die ›Rekruten Seiner Närrischen Majestät‹ vereidigt – die Anwärter auf Mitgliedschaft in einem der traditionellen Fastnachtsbataillone, der Prinzen- oder Ranzengarde; und wenn die gepolsterte Doppeltür des inneren Domeingangs auf- und zuschwang, wehten für eine Sekunde der heitere Lärm, Trommelschlag, Pfeifengeschrill und das schon leicht angeschwipste Gejohle, das die Stadt von der Großen Bleich bis zum Marktplatz überall durchzog, wie ein verworrener Windgesang herein.

Drinnen aber im Dom, in dem außer dem Ewigen Licht vorm Hochaltar nur wenige Lampen und Wachsstöcke brannten, herrschte die gewohnte, steinerne Stille eines Beichtnachmittags, vom Knistern der Kerzen vertieft, und man sah da und dort vor den einzelnen, in den Seitenschiffen verteilten Beichtstühlen, deren jeder mit dem Namen des in ihm verborgenen Priesters oder Domherrn bezeichnet war, ein paar dunkle Gestalten knien, von denen einige das Gesicht in die Hände geschlagen hatten. Allzuviele Bußfertige schien der Fastnachtsamstag nicht anzulocken. Auch vor dem Altar der Madonna im Rosenhag hockten nur wenige alte Weiblein, in Erwartung der Vesperandacht.

Der Mann in der hellblauen Kavalleristenuniform mit dem steifen, samtschwarzen Kragen ging gradewegs auf den nächsten der holzgeschnitzten Beichtstühle zu – es war der des Domkapitulars Dr. Henrici –, vor dem in diesem Augenblick niemand wartete, und der überhaupt schwachen Zulauf hatte; denn der gelehrte Herr stand nicht nur im Ruf besonderer Strenge und eines ungewöhnlich scharfen Gedächtnisses, sondern auch einer zunehmenden Schwerhörigkeit. Der Dragoner schien es eilig zu haben – er stach mit sehr raschen und merkwürdig kurzen, steifen, fast hüpfenden Schrittchen, wie ein Pferd im abgekürzten Trab, schnurstracks und ohne vorher das Knie zu beugen auf den Eingang des Beichtstuhls zu. Dem Dr. Henrici, der eben den dunklen Vorhang seines hölzernen Gelasses ein wenig gelüpft hatte (in der geheimen Hoffnung, gar keinen Beichtwilligen mehr vorzufinden und etwas rascher zu seiner unterbrochenen Lektüre in der bischöflichen Bibliothek zurückkehren zu können), fiel der kurze, stelzige Schritt des späten Ankömmlings auf. Vielleicht hat er sich wundgeritten, ging es ihm durch den Kopf, da er das leise Klirren der Anschnallsporen auf den Sandsteinfliesen vernahm. Dann ließ er den Zipfel des Vorhangs fallen und wandte sein Gesicht dem Eingetretenen entgegen.

Gleich darauf aber zwängte sich die priesterliche Gestalt mit ungewöhnlicher Hast aus der schmalen Öffnung des Beichtstuhls heraus, und der Domkapitular eilte, so rasch es ihm das Alter und die Würde seines Gewandes erlaubten, durch das große Mittelschiff und über die Stufen der Apsis zum Chor hinauf, wo einer der beiden wachhabenden Domschweizer, auf seine Hellebarde gestützt, verschlafen herumstand. Auch der zweite Domschweizer, der in der Gegend des Haupteingangs patrouillierte, kam neugierig herbei, da er die erregten Gesten sah, mit denen der geistliche Herr auf seinen Wachkameraden einflüsterte.

Rasch folgten beide Schweizer, nachdem sie ihre Hellebarden an eine Steinsäule gelehnt hatten, dem Beichtvater zu seinem verlassenen Gehäuse, aus dessen seitlichem Eintritt, von der niedrigen Kniebank herunter, gleichsam umgeklappt, wie Teile einer zerlegten Gliederpuppe und als gehörten sie gar nicht zu einem Körper, ein paar Beine in den Röhren der militärischen Ausgehhosen und die blank gewichsten Stiefel mit den Radsporen heraushingen. Der Oberkörper des Mannes schien in sich zusammengesunken, die Hände waren noch vor seinem Leib gefaltet, das Kinn auf die hölzerne Kante unterhalb des Beichtgitters aufgeschlagen.

Vorsichtig hoben die beiden Männer den reglosen Körper aus dem fast sargartig engen Holzkasten heraus, und als sie ihn umdrehten, um ihn wegzutragen, baumelten der Kopf und die Arme schlenkernd herab. Das Mittelschiff vermeidend, um bei den wenigen Besuchern kein Aufsehen zu machen, schleppten sie ihn durch die Seitengänge zur Sakristei – von Dr. Henrici gefolgt, dem trotz des Herzpochens, das ihm der Schreck verursacht hatte, nicht das Skurrile und fast Theaterhafte dieses Aufzugs entging: von den beiden Domschweizern in ihren altertümlichen Kostümen war der eine sehr kurz, breit, mit vorstehendem Oberbauch, der andere lang, dürr und o-beinig, was bei den Pluderhosen und Kniestrümpfen seiner Tracht besonders auffiel. Die ungewohnte Last gab ihren Schritten, die an dem feierlichen Gang der Prozessionen und geistlichen Umzüge geschult waren, etwas knieweich Verwackeltes. Sie wirkten, als hätte man sie von der Straße weg als Statisten zu einer Opernaufführung geholt, oder als hätten sie eine Szene aus den ›Contes drôlatiques‹ darzustellen.

Die Gestalt zwischen ihnen jedoch, als man sie nun in Ermangelung einer anderen Bettungsgelegenheit auf den flachen, steinernen Sarkophagdeckel eines längst verstorbenen Kurfürsten niederlegte, strahlte in ihrer Unbeweglichkeit eine seltsame, endgültige Stille aus.

»Vielleicht ist ihm nur schlecht geworden«, sagte Henrici laut zu den schnaufenden Trägern. Dabei wußte er in seinem Innern, noch ehe er sich überzeugen konnte: dieser Mann war tot. Gleichzeitig bemerkte er auf dem weißen Rand seiner Stola, die er grade abnehmen wollte, einige Blutspritzer, und als er sich jetzt zu dem ausgestreckten Körper niederbeugte, sah er in der helleren Beleuchtung des Sakristeivorraumes, daß ein dunkler Streifen seitlich aus seinem Mundwinkel sickerte. »Ein Blutsturz aus der Lunge vermutlich«, sagte er, »man muß rasch einen Doktor holen. Kennt einer von euch den Mann?« Die beiden schüttelten die Köpfe.

»Vor dem Prälat Gottron seinem Beichtstuhl«, sagte einer von ihnen umständlich, »kniet noch der Dr. Carlebach, vom Welschnonnegäßchen. «

»Dann bitten Sie ihn doch her«, sagte Henrici, »und Sie«, wandte er sich an den anderen, »holen mal rasch etwas Wasser, für alle Fäll. «

Der Angesprochene zuckte die Achseln und legte, bevor er ging, die Militärmütze, die er vor dem Beichtstuhl aufgehoben hatte, mit dem Deckel nach oben auf die Brust des Dragoners, die sich nicht bewegte.

Henrici, als er allein mit ihm war, fühlte eine Neigung, die Mütze wieder wegzunehmen und dem Mann auf der Brust die Hände zu falten. Aber er wagte nicht, ihn zu berühren, bevor der Arzt es getan hatte. Das Gesicht mit den halbgeschlossenen Augen war jetzt von einer wächsernen Fahlheit durchtränkt, und es schien dem Priester, als beginne das Blut am Mundwinkel zu gerinnen. Es war ein hübsches, fast schönes Jungmännergesicht, mit einem kleinen, dunklen Schnurrbärtchen über starken Lippen. »Nein«, sagte Henrici vor sich hin, und schüttelte den Kopf. Einen Augenblick hatte er geglaubt, in den Gesichtszügen etwas entdeckt zu haben, das ihm bekannt vorkam. Aber es verflüchtigte sich sofort wieder und fand keine Bestätigung in seinem Gedächtnis. Leise begann er, das Vaterunser zu sagen. Er war noch nicht zu Ende, als der Arzt eintrat, ein kleiner, weißhaariger Herr in altväterlich dunkler Kleidung. Er sah aus, als habe ihn der Ruf von einer Bußübung für sehr läßliche Sünden weggeholt.

»Exitus«, sagte er nach einer kurzen Prüfung, schlug ein Kreuz und strich dem Toten leicht über die Lider.

»So ein junger Mensch«, sagte Henrici, »er kann doch kaum mehr als fünfundzwanzig sein. Was dem wohl gefehlt hat?«

In diesem Augenblick fuhr der Arzt, der den Oberkörper des Dragoners ein wenig angehoben hatte, vielleicht, um doch noch einmal nach Herztönen zu lauschen, heftig zusammen und zog seine Hand zurück, als hätte er sie verbrannt. Dann deutete er zwischen die Schultern des jungen Mannes. Dort, im grünen Strahl einer Gaslampe deutlich aufblinkend, mehr nach der linken Seite hin, war etwas, was da nicht hingehörte. Die beiden alten Herrn schauten einander an. Die rotrandigen Augen des Doktors wässerten nervös, und dem Domherrn war es, als krieche etwas Kaltes über die Haut seines Hinterkopfs. Was da im Rücken des toten Mannes steckte, mitten in der kaum befleckten, blauen Montur, war unverkennbar der Knauf einer Waffe.

»Erdolcht«, flüsterte der Arzt und ließ den Oberkörper des Toten vorsichtig auf die Seite gleiten.

»Ja – aber – wieso denn –«, brachte Henrici hervor, während tausend Gedanken und Vorstellungen gleichzeitig in ihm aufkreuzten.

Die beiden Schweizer, einer von ihnen mit einem Glas Wasser in der Hand, waren herzugetreten und starrten mit glotzigen Augen.

»Wollen Sie bitte«, sagte Henrici zu dem Arzt und den Wächtern, »das Nötige veranlassen – mit der Polizei und so weiter. Ich fühle mich nicht ganz wohl.« Er wendete sich, fuhr mit der Hand über die Stirn. »Ich stehe dann gleich wieder zur Verfügung«, sagte er noch, »nur etwas frische Luft...«

Langsam schritt er den Weg durch die Kirche zurück, den sie einige Minuten vorher mit dem leblosen Körper gegangen waren – an seinem Beichtstuhl vorbei, zu dem er einen kurzen, zerstreuten Blick hinwarf –, weiter zu dem seitlichen Eingang, durch den der Dragoner eingetreten war. Es war nichts zu sehen, keine Blutspur oder dergleichen, und Henrici suchte auch nichts. Der stelzige kurze Trab des Mannes fiel ihm ein – als ob er vor etwas habe fortlaufen wollen, das ihn doch schon ereilt hatte.

Der innere Eingang bestand im Winter aus zwei dick gepolsterten, schwingenden Holztüren. Zwischen diesen und der schweren, eisenbeschlagenen Außentür, die man mit einer Metallklinke aufzog, war ein halbdunkler Zwischenraum, jetzt schon fast gänzlich finster, da das Licht auf der Seite über den gedruckten Kundmachungen der Diözese – wohl durch die Abhaltung der Domwächter oder eine Verspätung des Küsters – noch nicht angezündet war. ›Hier‹, dachte Henrici schaudernd, ›kann es geschehen sein... Oder?‹

Als er langsam die Außentür öffnete, um seine Lungen mit der kühlen, regnerischen Abendluft zu füllen, war es ihm, als ob auf der halbdunklen Straße etwas wegliefe... Er hatte, ohne sich genau darüber Rechenschaft zu geben, ganz deutlich das Gefühl von ›etwas‹ – also nicht unbedingt von einem Menschen... Es hätte auch – etwas anderes sein können – ein Tier, ein ungewöhnlich großer Hund vielleicht – oder aber doch eine tiefgeduckte Menschengestalt? Er hatte es, in dem kurzen Augenblick, kaum zu Gesicht bekommen, mehr die Bewegung gespürt – aber es *war* etwas vor ihm aufgesprungen, wie ein schwerer, lautloser Schatten, dem zu folgen unmöglich war; denn erstens war sich Henrici völlig im unklaren über die Richtung, in der dieses Etwas entwichen war, falls es überhaupt eine Substanz hatte – und zweitens wälzte sich in diesem Moment, vom ›Höfchen‹ her, die ganze Straße und die Ausdehnung des kleinen Platzes füllend, unter dem dröhnenden Einsatz von Kesselpauke, Schellebaum und Schlagdeckel, von den Lichtern bunter Lampions und rötlichem Fackelschein überzuckt, schreiend, lachend, johlend und die als ›Handgeld‹ empfangenen Weinflaschen schwenkend, der frisch vereidigte Rekrutentrupp der ›Ranzengarde‹, mit närrischen Kappen auf dem Kopf, in der Richtung aufs Fischtor zu – und eine riesige Menschenmenge hinterher. Dienstmädchen und Kinder quollen aus allen Haustüren, im Nu waren auch die Nebengassen von Leuten überschwemmt, und aus unzähligen Mündern drang – zu dem raßligen Schmettern der Blechmusik – mit schrillen, kreischenden oder schon suff- und schreiheiseren Stimmen – der karnevalistische Marschgesang:

– Rizzambaa, Rizzambaa,
Morje fängt die Fassenacht aa –

wie ein päanisches Jubelgeheul zum Rheinstrom hin verhallend.

Der Domkapitular Henrici hörte es kaum. Ihm war etwas eingefallen, das – leise zuerst, dann mit immer lauterer Stimme – in ihm sprach. Er hatte nicht daran gedacht – da es zu selbstverständlich, zu gewohnt, zu unauffällig war, um sich in die Erinnerung einzukerben. Jetzt aber wußte er es ganz genau, und es nahm in seinem Innern eine unbegreifliche Bedeutung an – so als sei damit alles Unbekannte und Dunkle schon auf geheimnisvolle Weise geklärt... Der fremde junge Mann hatte nämlich im Beichtstuhl, bevor er zusammenbrach, noch zu ihm gesprochen. Es waren jedoch nur die ersten vier Worte der Beichtformel gewesen, wie sie jeder zur Einleitung seines Bekenntnisses dem an Gottes Statt lauschenden Priester zuflüstert:

»Ich armer, sündiger Mensch –«

Dann war er verstummt.

Zwischen Walluf und Eltville, von Mainz aus am besten mit dem zum rechten Rheinufer hinüberfahrenden Dampfschiff zu erreichen, lag, in der Nähe des Dörfchens Nieder-Keddrich, am Fuße des Taunus, das große Weingut Keddrichsbach, mit seinen weltberühmten Wingerten ›Keddricher Ölberg‹ und ›Keddrichsbacher Blutströpfchen‹. Es stand seit Generationen im Besitz der Familie Panezza, der außerdem ein bedeutendes Sägewerk und eine Ziegelfabrik am Rheinufer, sowie, von der jetzigen Frau Panezza in die Ehe eingebracht, eine Weinkellerei in dem damals noch österreichischen Meran gehörten. Das Herrschaftshaus, zwischen den Weinbergen in einem Park mit reichem Baumbestand gelegen, war um die Jahrhundertwende neu ausgebaut worden, und zwar in jenem schloßartigen Prunkstil, mit Erkerchen, Türmchen und vielfach verzierter Fassade, der seinen Schöpfern zuerst so stolz und heiter vorkam und dem schon nach kurzer Zeit etwas Muffig-Morbides und Gottverlassenes anhaftete.

Dort schellte es, am gleichen Fastnachtsamstag gegen Abend, recht heftig an der Haustür, die – portalartig aufgemacht – mit einem großen, schmiedeeisernen Klingelzug versehen war.

›Wer soll denn jetzt schellen‹, dachte das Dienstmädchen Bertel, das im obersten Stockwerk des Hauses, wo die Wäschekammern und Flickstuben lagen, der alten Nähmamsell beim Herrichten von Ballkostümen half. Sie knöpfte sich ihre hübsche, hellblau mit weiß karierte Trägerschürze über den Schultern zu und warf rasch einen Blick in den Spiegel, in dem ihr frisches, dunkeläugiges und dunkel umlocktes Gesicht erschien, fuhr sich auch mit der Zunge über die Lippen und mit dem feuchten Finger über die Augenbrauen – denn es war immer möglich, im Flur dem jungen Herrn zu begegnen, wenn er, wie jetzt, auf Urlaub zu Hause war. Dann sprang sie in einem hüpfenden Galopp, der ihr bei jeder Stufe die Brüste im Hemd wippen ließ, die breite Haustreppe hinunter. Bevor sie jedoch den letzten Halbstock erreichte – es hatte inzwischen nochmals und noch etwas heftiger geschellt –, hörte sie, daß die Haustür bereits geöffnet wurde. Der junge Herr, der sich mit seiner Schwester unten im Musikzimmer aufgehalten hatte, war ihr zuvorgekommen, und sie sah, während sie auf der Treppe stehenblieb, von rückwärts seine schmale Gestalt mit der hellgrauen Litewka lose über den Schultern, wie er die mit buntem, bleigefaßtem Glas eingelegte Tür halb offen hielt, indem er sich mit einer fragenden Geste hinausbeugte. Gleichzeitig hörte sie von draußen die Stimme eines Mädchens oder einer jungen Frau, die selbst noch nicht sichtbar war, in erregtem Tonfall und mit ausländischem Akzent fragen: »Kann ich den Herrn Panezza sprechen?«

»Er ist nicht zu Hause«, antwortete der junge Herr, den sie vielleicht für einen Diener gehalten hatte, »aber ich bin sein Sohn, Jeanmarie.« – »Das kann nicht sein!« rief die Stimme der jungen Frau draußen, fast im Aufschrei, »das *kann* nicht sein«, fügte sie dann leise hinzu.

Der junge Herr war inzwischen auf die Stufen unter dem Glasdach hinausgetreten, und das Mädchen Bertel konnte nicht genau hören, was gesprochen wurde, doch als es neugierig näher lief, kam Jeanmarie bereits lachend zurück und führte eine junge Dame am Arm, die über einem eleganten Reisekostüm

14

eine Regenpelerine trug und ein kleines Köfferchen in der Hand hielt.

»Helfen Sie bitte der Signora«, sagte der junge Herr heiter und winkte Bertel zu, während er der Dame das Köfferchen aus der Hand nahm, »und dann bringen Sie gleich einen heißen Tee und Rum. Das ist meine Cousine Viola, mit der ich als Kind gespielt habe – sie hat mich nicht wiedererkannt!« – »Nun«, sagte die junge Dame und versuchte ein Lächeln, »wir waren ja noch sehr klein, damals.« – »Allerdings«, rief Jeanmarie aufgeräumt, »kaum vier oder fünf Jahre, aber ich habe dich trotzdem erkannt, bevor du den Namen gesagt hast! Erinnerst du dich nicht, wie wir immer am Rebgeländer auf die Gartenmauer hinauf –?« Er unterbrach sich, da er so etwas wie einen gequälten Zug im Gesicht der Besucherin bemerkt hatte, woraus er schloß, daß sie ihn schlecht verstand, und begann italienisch zu sprechen.

›Sie ist schön‹, dachte Bertel, während sie der Fremden die feuchte Pelerine und das schleierverzierte Hütchen abnahm. Ein Stich von grundloser Eifersucht zuckte ihr durch die Brust. Das Gesicht der jungen Dame war blaß, vielleicht von den Anstrengungen einer langen Reise, die großen, dicht bewimperten Augen, die von einem so dunklen Blau waren, daß sie fast schwarz wirkten, ein wenig umschattet. Schwarze Locken fielen ihr über die Ohren herab, als sie das Reisehütchen absetzte. Mit einem Blick hatte Bertel taxiert, daß ihre Figuren fast die gleichen waren: nicht zu groß, jugendlich straff und schlank, mit früh entwickelten Formen schmiegsamer Weiblichkeit. Die Signorina trug Knöpfstiefelchen aus feinem Leder bis über die Knöchel hinauf, die jetzt mit Straßenkot bespritzt waren.

›Komisch‹, dachte Bertel, und schaute den beiden nach, wie sie ins Musikzimmer traten, ›warum hat sie so geschrien?‹

»Das kann nicht sein!« hatte die Fremde gerufen. Nun – sie hatte halt ihren Cousin nicht wiedererkannt, ihn sich anders erwartet... und damit hatte sich wohl auch Jeanmarie den Ausruf erklärt. Aber dem aufgeweckten Sinn des Mädchens schien es, als habe in jenem Tonfall etwas mehr mitgeschwungen als nur Staunen und Überraschung –: es war eher, wie wenn jemand

eine schreckliche Entdeckung macht – oder eine schlimme Neuigkeit erfährt... ›Ach was geht's mich an‹, sagte die Bertel,
stampfte in einem ihr selbst kaum bewußten, nervösen Trotz
mit dem Fuß auf und ging, um die noch offene Haustür zu
schließen. Einen Augenblick trat sie auf die Stufen, sog die frühe
Nachtluft ein, die hier im Rheingau, trotz der noch winterlichen
Jahreszeit, ganz stark nach Gartenerde und nach keimenden
Kräutern roch... Sie fuhr zusammen, da sich eine dunkle Gestalt aus dem Schatten der beiden mächtigen Edelkastanien hinter der Auffahrt löste. »Ach«, sagte sie dann, »da ist schon die
Bäumlern.«

Eine schwer gebaute Frau näherte sich dem Haus, mit einem
graubraunen Umschlagtuch um Kopf und Schultern. Es war
eine Arbeiterwitwe aus dem Dorf, die in ihrer Jugend einmal im
Haus gedient hatte und jetzt bei Gesellschaften in der Küche zu
helfen pflegte.

»Es ist noch zu früh, Bäumlern«, rief Bertel ihr zu, »aber
komm nur schon rein!«

Die Frau antwortete nicht, warf ihr aus einem früh gealterten,
aber noch keineswegs alten Gesicht einen bösen, mißtrauischen
Blick zu und entfernte sich schwerfüßig in Richtung zum
Gesinde-Eingang.

Auf dem Flügel stand der Klavierauszug des ›Rosenkavalier‹,
der damals zum erstenmal im Stadttheater gespielt wurde und
die Geschwister Panezza bis zur Berauschung entzückte. Daß
viele der Älteren die Musik wegen ihrer kühnen Harmonien als
›hypermodern‹ verschrien und das Buch dekadent oder anrüchig
fanden, steigerte die Begeisterung der beiden ins Maßlose, und
sie redeten sich seit Wochen nur noch mit Namen aus dem
Stück an oder nannten auch in respektlosen Augenblicken ihren
lebenslustigen Vater ›den Ox‹, natürlich nur unter sich und
wenn er nicht dabei war.

Jeanmarie, der fünfundzwanzig, und seine Schwester Bettine,
die dreiundzwanzig war, empfanden sich fast als Zwillinge, und

lebten im zärtlichen Einverständnis einer heimlichen Verschwö-
rung, die sich vor allem auf die distanziert-ironische Opposition
zu sämtlichen Meinungen, Gewohnheiten und Handlungen ihrer Eltern gründete. Jeanmarie, der keinerlei Neigung oder Be-
gabung zum Geschäftsleben empfand und sich nur für Musik
interessierte, ohne jedoch zur musikalischen Berufsausbildung
talentiert genug zu sein, diente auf Wunsch des Vaters als aktiver
Leutnant beim vornehmsten Mainzer Kavallerie-Regiment, den
6er Dragonern. »Bis ich mal sterbe«, pflegte Panezza zu sagen,
»soll er ruhig Soldat und Klavier spielen, dann kann er Coupons
schneiden. Viel Intelligenz braucht man zu beidem nicht.«

Die künstlerischen Neigungen seiner Kinder schienen ihm
eher ein Zeichen geistiger Schwäche oder mangelnder Lebens-
energie zu sein, obwohl er selbst ein angeregter Theater- und
Konzertbesucher war und überhaupt allen leichteren und be-
schwingten Daseinselementen zugetan, doch nur innerhalb dessen, was er die ›gesunde Wirklichkeit‹ nannte.

Seine Frau Clotilde, eine geborene Moralter, aus Südtirol
stammend und halb sizilianischer Abkunft, neigte mit zunehmenden Jahren zu einer Art von phlegmatischer Kränklichkeit
und lebte nur auf, wenn es den Blumengarten oder das Ge-
wächshaus zu betreuen galt.

Bettine, ein unauffälliges Mädchen von gutem Wuchs, schien
die Anlage zu Phlegma und Kopfschmerzen von ihrer Mutter
geerbt zu haben, doch lag in ihrem Wesen ein versteckter Zug
zum Exaltierten, der sich vor der Reife in verstiegener Fröm-
migkeit, jetzt in einer fast vernarrten Bewunderung für ihren
geistig überlegenen, in ihrer Traumvorstellung übermenschlich
genialen und bedeutenden Bruder äußerte. Dieser selbst,
Jeanmarie, hielt sich weder für genial noch bedeutend, doch war
sein Wesen, wie das vieler gut veranlagter junger Leute in diesen
Tagen, von einer feinfühligen Skepsis durchsetzt, einem nagen-
den und ahnungsvollen Zweifel an der Beständigkeit der sie so
fest umzingelnden Ordnung, und einer lustvollen, abenteuer-
lichen Vorstellung von ihrer möglichen Zerstörung, was ihm in
seinen eignen Augen und in denen seiner Bekannten etwas vom

Außenseiter oder Frondeur verlieh. Trotzdem war er, mit seinen hübschen, dem Vater ähnlichen Zügen und seiner natürlichen Noblesse, durchaus ein angenehmer junger Herr von guten Manieren und heiterer Lebensart.

Jetzt mühten sich beide Geschwister, nicht ohne eine leise Verlegenheit, die plötzlich hereingeschneite Cousine, eigentlich Groß-Cousine oder Base zweiten Grades, deren Besuch aus dem fernen Palermo merkwürdigerweise nicht angekündigt war, ein wenig aufzutauen: denn sie machte noch immer, trotz des wohlgeheizten Salons und des dampfenden Rum-Tees, einen erstarrten oder gefrorenen Eindruck. Zwischendurch allerdings verfiel sie in eine unvermittelte, sprudelnde Lebhaftigkeit, besonders wenn sie vom Deutschen, das sie an sich gut beherrschte, in das beiden Geschwistern von Kind auf vertraute Italienisch überging. Dann hingen Jeanmaries Augen an ihren vollen, etwas zu breiten Lippen und ihrem jählings von innen aufblühenden Gesicht mit den wirklich violenfarbenen Augen, das ihn an Bilder der jungen Eleonora Duse erinnerte.

Sie redete lachend, und mit einer ähnlichen Ironie, wie sie Jeanmaries und Bettinens intimen Gesprächston färbte, von zu Hause, von der sizilianischen Gesellschaft und der enormen Langweiligkeit des Lebens im elterlichen Palazzo, die in ihr die sehnsüchtige Erinnerung an ungebundene Kindertage bei ihren Verwandten im Rheingau und den plötzlichen Entschluß zu dieser Reise geweckt habe. Ja, natürlich habe sie gewußt, daß es die wirblige Zeit des Karnevals mit all seiner Tag und Nacht nicht ruhenden Geselligkeit sei, und gerade das, der Wunsch, die berühmte Mainzer Fastnacht mitzumachen, habe sie sozusagen Hals über Kopf in den nächsten und schnellsten D-Zug getrieben. Ihr Gepäck? Das sei wohl noch unterwegs, aber sie könne in ihrem Täschchen (dabei geriet sie ins Stottern und in ein unsicheres, fehlerhaftes Deutsch) dummerweise den Schein nicht finden – am Bahnhof, ja am Hauptbahnhof habe sie sich an einem Schalter nach der Verbindung, den Fahrzeiten des Dampfschiffs erkundigt und dabei – sie konnte plötzlich fast nicht weiterreden wie unter einer sie stoßhaft überfallenden

Depression – »dort habe ich ihn verloren«, sagte sie, und ihre Augen füllten sich sogar mit Tränen, als handle es sich um einen ganz anderen Verlust als um den eines Gepäckscheins. »Dort habe ich ihn verloren«, wiederholte sie. Nun, meinte Bettine, beschwichtigend, das Gepäck könne man wohl auf jeden Fall auslösen, und bis es ankomme, ließe sich ihr leicht mit allem Nötigen aushelfen – sogar mit einem Maskenballkostüm, das sie wohl sowieso nicht mitgebracht habe? – Aber, fragte Jeanmarie, den das sofort einsetzende Kleidergespräch der Mädchen langweilte, warum habe sie denn nicht wenigstens vom Bahnhof aus angerufen, man hätte sie natürlich abgeholt, oder jemanden an die Haltestelle des Dampfschiffs geschickt – und wie sie denn überhaupt ihren Weg heraufgefunden habe? – Das sei leicht gewesen, der Mann am Billettschalter des Dampfschiffs habe ihr die Richtung gezeigt, aber dann – sie schauerte etwas zusammen, und es sah aus, als wolle ihr Gesicht wieder gefrieren –, ja, dann sei ihr etwas Merkwürdiges, Erschreckendes passiert... Nämlich? – Nämlich, eine alte, oder vielleicht auch nicht so alte, aber ungepflegte, ärmliche, wohl auch gewöhnliche Frau, die sie in der Nähe des Hoftors getroffen und gefragt habe, ob dies das Gut des Herrn Panezza sei – sie zögerte oder suchte nach Ausdruck –, die habe sie statt einer Antwort beschimpft... von der sei sie (sie gebrauchte das Wort mit einem südländischen Pathos) *verflucht* worden... »Wie denn, beschimpft, verflucht?« fragte Jeanmarie betroffen. – Die Frau habe zunächst getan, als höre oder verstehe sie sie nicht, und ihr dann plötzlich ein gemeines Wort ins Gesicht geschleudert, und die Hand gegen sie erhoben... Was für ein Wort – ob sie sich nicht verhört hätte? oder falsch verstanden? – Nein, sie habe es ihr, ganz laut, noch einmal nachgerufen, als sie dann die Stufen hinaufgelaufen sei: »Verdammte Hur«, oder »Verfluchtes Hurenmensch« – sie konnte sich nicht getäuscht haben...

»Ach«, sagte Jeanmarie mit einem verlegenen Lachen, »das war die Bäumlern. Es tut mir leid, daß sie dich erschreckt hat – die spinnt ein bißchen. Sie meint das nicht so.« – »Was sie meint, weiß man nicht genau«, erklärte Bettine, »aber ich glaube, sie ist harmlos, nur nicht ganz richtig im Kopf. Sie war Jeanmaries Amme als junges Ding, da unsre Mutter krank war und nie stillen konnte, und sie haßt alle jungen Frauenzimmer, warum, weiß man nicht. Aber sie ist halt arm, und wenn wir Gesellschaft im Haus haben, holt man sie zum Geschirrspülen, damit sie was verdient und ein paar Restertöpfchen mit heimnehmen kann...« – »Erwartet man denn«, fragte Viola, »heute Gesellschaft im Haus?« – »Allerdings«, sagte Jeanmarie, und zwischen ihm und Bettine flog ein Blick gemeinsamer, temperiert-spöttischer Verzweiflung hin und her... »Eine ganz besondere Gesellschaft sogar, über die du dich vielleicht ein wenig wundern wirst, aber es kommt deinem Wunsch, die Mainzer Fastnacht zu erleben, aufs allerschnellste entgegen – du wirst sogar gradezu in ihr inneres Sanctum eingeführt und ihrer allerhöchsten Kurie konfrontiert werden...« – »Wieso denn das«, fragte Viola verwirrt und mit einem fast ängstlichen Ausdruck, und ob sie denn, als Fremde, bei einer so internen Angelegenheit nicht stören werde? »Keineswegs«, rief Jeanmarie, »die unerwartete Anwesenheit eines hübschen Mädchens wird höchstens die Stimmung steigern, die sowieso gewiß schon recht ausgelassen ist. Unser Vater«, fuhr er, mit einem halb lachenden, halb klagenden Blick zu Bettine fort, »ist nämlich ein ›alter Narr‹ – das bedeutet hier nichts Despektierliches, sondern nur, daß er von Jugend auf zum Präsidenten des einheimischen Karnevalvereins gehört und sich die Pflege der Fastnacht, ihrer Gebräuche, Zeremonien, Festivitäten, zu einer Art von Lebensaufgabe gemacht hat, die er sich auch eine ganze Menge Geld kosten läßt... Er wurde vor fünfundzwanzig Jahren schon einmal zum Prinz Karneval gewählt, damals waren wir allerdings noch nicht dabei, und soll eine so glanzvolle Figur gemacht haben, daß man in den bewußten närrischen Zirkeln noch heute davon spricht... Nun, und so haben sie ihn als würdigen Fünfziger noch einmal dazu überredet, so furchtbar schwer dürfte es nicht gewesen sein, der Stadt und der Welt, urbi et orbi, zur allgemeinen Belustigung des Volkes dieses gewaltige Schauspiel zu bieten...«

Seine verzwickte Redeweise und Bettinens Kopfschütteln ließen keinen Zweifel daran, daß die Geschwister sich für ihren Vater und seine karnevalistische Passion ein wenig genierten. Für sie war die Fastnacht, der sie in ihrer Kinderzeit gewiß manches Vergnügen abgewonnen hatten, in ihrem derzeitigen Stadium der Sehnsucht nach verfeinerter Geistigkeit ein recht gewöhnliches und pfahlbürgerliches Amüsement, ein Massenspektakel und ein Ausbruch von ›Fröhlichkeit auf Befehl‹ – wie man ihn vielleicht noch dem einfachen Volk konzedieren konnte –, dessen enthusiastische Zelebrierung durch Leute von Stand, Rang und äußerer Lebenskultur sie aber als geistlosen Unfug empfanden. Sie hätten lieber Theseus zum Vater gehabt als Zettel den Weber – denn so kam er ihnen in seinem karnevalistischen Vereinsgehabe vor –, während Panezza selbst, in seiner närrischen Majestät, sich durchaus als Theseus und volksumjubelten, freudespendenden Landesfürsten fühlte. Ob denn nun ihre Mutter, fragte Viola, auch als Prinzessin Karneval fungiere? Die Geschwister lachten hell auf. Das fehlte noch! Nein, die Mutter pflegte noch nicht einmal den großen, traditionellen Maskenball in der Stadthalle mitzumachen, den kaum ein erwachsener Mensch in Mainz versäumte – sie pflegte nur ihre Blumen und ihre Migräne… Jetzt allerdings war sie mit in die Stadt gefahren, wo Panezza vom Altan des Stadttheaters aus die ›Vereidigung der Rekruten‹ vornahm; aber sie sah sich das Spektakel nur vom Salonfenster der Familie Bekker in der Ludwigstraße an – das seien die Bekkers mit zwei k, worauf diese Familie besonders stolz sei, denn das schien ihr vornehmer zu sein, als sich, wie andere Beckers, mit ck zu schreiben. Und die Tochter der Familie Bekker – mit zwei k –, die blonde Katharina, eine jüngere Schulfreundin der Bettine, war dies Jahr die gekürte und gekrönte Prinzessin Karneval, dreitägige Präsentiergemahlin ihres Herrn Vaters… »Um Gottes willen«, rief Bettine in das nun herzhaft und unbefangen sprudelnde Gespräch und Gelächter hinein, »ich höre die Autos! Sie kommen schon – und wir sind nicht angezogen!«

Adelbert Panezza, der Vater, hatte es sich nicht nehmen lassen, als Vorfeier der kommenden Freudentage seine jugendliche

Mitregentin, das Fräulein Katharina oder ›Katzjen‹ Bekker, und deren Familie sowie die Kommandeure der närrischen Bataillone und ein paar andere karnevalistische Würdenträger zu einem kleinen Festessen einzuladen, und er hatte sich, um sie rasch aufs Gut herauszubringen, einige Mietautos gesichert, deren es damals in der Stadt erst wenige gab. Die ratterten nun, unter ungeheurem Motorgefauche, die lehmige Landstraße hinauf.

Wie gejagt stürzten die Geschwister, Viola mit sich ziehend, treppauf zu ihren Zimmern, während das Dienstmädchen Bertel, nun in weißer Plisseeschürze und Spitzenhäubchen, mit wippenden Brüsten die Stufen hinunter sprang. Ein gemieteter Lohndiener, in der Livree der Prinzengarde, hatte schon das Portal geöffnet, dessen elektrische Beleuchtung, sonst von gläsernen Weinblättern umrankt, heute mit den Mainzer ›Narrenfarben‹, rot–weiß–blau–gelb, drapiert war.

Von draußen, wo die Autos unter explosionsartigem Getöse den Versuch machten, einander bei der Anfahrt nicht zu zertrümmern, erklang jenes etwas krampfhaft angeregte Durcheinander von Reden und Lachen, das einer solchen Abendgesellschaft, bevor sie sich auf den normalen Unterhaltungston abstimmen kann, vorausgeht. Bertel und der Lohndiener hatten alle Hände voll zu tun, um die Mäntel, die Hüte, die Überschuhe zu versorgen.

Von einem oberen Treppenabsatz übers Geländer gebeugt, sah Viola am Arm von Bettine, wie – höflich seine Gäste vor sich her dirigierend – Herr Adelbert Panezza eintrat, im prächtigen Gewand des Prinzen Karneval, mit Gold und Silber, Hermelin und Purpur, Ordenssternen, Paradebändern und Schnüren überladen, in hohen Lackstiefeletten mit Silbersporen, ein glitzerndes Zepter in der Hand, auf dem Kopf eine reichgestickte, schellenverzierte, aus glänzenden bunten Seidenstoffen gewirkte Narrenkappe, die nach Art der phrygischen Mützen geformt war und, wenn man daran denken mochte, auch an die Jakobinermützen der Blutherrschaft erinnerte. Trotz dieser Verkleidung wirkte er in seiner straffen, federnden Männlichkeit, mit seinen von echter Freude und kindlichem Stolz blitzenden blauen Augen und der frischen, jetzt wohl auch wein- und luftgeröteten Haut unter den grauen Schläfen völlig überzeugend als eine herzerquickende Persönlichkeit. Ja, es strahlte von seinen offnen Zügen etwas wie Wärme und Weltverständnis aus, das mehr als ›Gutmütigkeit‹ andeutete, und Violas beklommener Atem ging bei seinem Anblick unwillkürlich leichter, wie von Vertrauen besänftigt. Panezzas Gattin, Clotilde, war gleich mit einigen älteren Damen in einem Ablegezimmer verschwunden, Viola bekam sie nur umrißhaft, als ein grauseidenes Abendkleid mit Spitzeneinsatz und fließendem Chinchillapelz, zu Gesicht. An Panezzas Seite aber zeigte sich, ebenfalls in einem überladen prächtigen, doch durch die Koketterie weiblichen Schnitts und Zierats gemilderten Kostüm, eine wahrhaft liebliche Erscheinung, der wie auf Gemälden mit Goldgrund eine blendende Fülle eignen, natürlichen Blondhaars das rosige Mädchengesicht umrahmte. Das kleine diademartige Krönchen, von dem bunte Steine blitzten, schien mit Absicht schief und frech auf den Scheitel gesetzt. Um ihre feinen Lippen lag ein verträumtes, oder auch nur liebenswürdiges Lächeln, während die etwas vorstehenden Augen feucht, blank und einfältig vor sich hin schauten. Ein junger Mann in Smoking und Narrenkappe, der mit einer riesigen Chrysantheme im Knopfloch und eingezwicktem Monokel recht affig wirkte, hielt sich dicht hinter ihr und bemühte sich um ihren zu schweren, brokatsteifen Prunkmantel, den er wie eine Beute oder ein Symbol des Besitzertums überm Arm behielt. Er sei, wie Bettine flüsternd erklärte, Katharinas Bräutigam, ein Regierungsassessor! Sie sprach das Wort mit weichem g aus und ironisierte es gleichzeitig durch übermäßig respektvolle Betonung.

Dann aber zerrte sie Viola hastig in ihr Ankleidezimmer, denn die Gäste drunten betraten schon, unter lauten Ausrufen des Appetits und der Bewunderung: »Ahh – Pommery! Austern! Kaviar!« den großen Speiseraum, in dem offenbar ein Büfett angerichtet war. Nur Prinz und Prinzessin Karneval blieben noch in der Vorhalle zurück, denn es gehörte zum Zeremoniell, daß sie ein wenig später, wie ein hofhaltendes Fürstenpaar, durch das Spalier der drinnen aufgereihten Gesellschaft feierlich einziehen sollten. Der affige junge Mann war, mit dem kostbaren Mantel überm Arm, ins Musikzimmer geeilt, da er grade genug Klavier spielen konnte, um den feierlichen Einzug mit dem Narrenmarsch zu begleiten. Das Dienstmädchen Bertel, das eben mit den letzten paar Überziehern treppauf verschwunden war, blieb im Schatten des unbeleuchteten ersten Stockes stehen, um sich den Anblick des Einzugs nicht entgehen zu lassen. Neugierig musterte sie die beiden pompös aufgeputzten Gestalten, die sich jetzt im Vorplatz allein befanden und sich, Arm in Arm, in Positur stellten. Da bemerkte sie, wie sich die Gesichter der beiden, für einen Augenblick einander zugewandt, völlig veränderten... Es war, als seien sie plötzlich entfärbt, entblutet, leichenblaß geworden... und ihre Hände, die vorher zur Pose des Einzugs leicht auf ihren Ärmeln gelegen hatten, suchten sich hektisch und verkrampften sich ineinander. Mit einer heftigen Bewegung preßte Panezza sein Gesicht auf die nackte, von Hermelin umrahmte Schulter des Mädchens. Es hatte nichts von einer spielerisch verliebten Zärtlichkeit, es war wie Verzweiflung. Katharinas Augen hatten sich geschlossen, ihr Mund war verzerrt, als ob sie schreien müsse. Gleich darauf zuckten beide wie unter einem inneren Schlag zusammen und auseinander. Ihre Hände lösten sich, ihre Gesichter nahmen wieder die gewohnte Farbe an, ihr Atem ebbte ab, und mit einer fürsorglichen weiblichen Bewegung, als sei nichts weiter geschehen, rückte das Mädchen Panezzas schiefgerutschte Narrenkappe zurecht.

Im selben Augenblick setzte, grob aus dem Klavier gehauen, die Melodie des Fastnachtmarsches ein – ›Rizzambaa, Rizzambaa‹ –, und unterm Vivat der Gäste stolzierte das Paar mit königlicher Grazie in den Saal. Bertel biß sich droben vor Aufregung die Unterlippe wund.

Indessen lag der stille Mann in der Domsakristei noch immer auf dem steinernen Sarkophag, doch hatte man ihm inzwischen die Uniform ausgezogen, zwei behelmte Polizisten hatten sich den Domschweizern zugesellt, und ein paar Herren in Mänteln befaßten sich mit der Untersuchung. Auch der Domkapitular Henrici, der den ganzen Hergang zu Protokoll gegeben hatte, und der Dr. Carlebach standen noch dabei. Die Waffe, mit der der Todesstoß geführt worden war, hatte der Gerichtsarzt entfernt und sorgfältig eingepackt. Soweit Henrici hatte sehen können, handelte es sich um ein langes, dünnblattiges Stilett, mit einem Handgriff oder Heft aus Feinmetall. In der Uniform des Toten eingenäht und auf einem eingeklebten Plättchen in seinem Mützendeckel hatte man den Namen gefunden: Dragoner Clemens Bäumler, sowie die Schwadronsnummer des Regiments – der gleiche Name fand sich auf einem Urlaubspaß in der Tasche des Toten, der für die Zeit von Samstag nachmittag nach dem Stalldienst bis Mittwoch früh zum Wecken lautete. Allen übrigen Inhalt seiner Taschen hatte der untersuchende Kriminalkommissar an sich genommen, ohne etwas davon sehen zu lassen. Ein telefonischer Anruf vom Sekretariat des Domkapitels beim Wachbüro der Kaserne hatte bestätigt, daß tatsächlich ein Dragoner dieses Namens, der in seinem dritten Dienstjahr stand, über die Fastnachtstage beurlaubt worden war. Als Heimatort des Soldaten wurde das Dorf Nieder-Keddrich im Rheingau angegeben.

Weitere Nachforschungen schienen im Augenblick noch nicht dienlich. Doch waren dem Kommissar, wie er den anderen Herren mit leiser Stimme zu verstehen gab, einige ungewöhnliche Umstände aufgefallen. So konnte man, trotz der Leichenblässe, feststellen, daß die Gesichtshaut des Toten besonders dunkelbraun gebrannt war, von einem geradezu gegerbten Braun, wie es in diesen Breiten auch bei häufigem Außendienst und starker Sonneneinwirkung kaum vorzukommen pflegt. Allerdings war der obere Teil der Stirn, wie es bei helm- oder mützetragenden Militärpersonen der Fall ist, bedeutend heller gefärbt. Das tiefe Sonnenbraun mochte also nach fast dreijäh-

riger Dienstzeit nichts anderes bedeuten als eine besondere Emp-
findlichkeit der Hautpigmente. Das dunkle, wellige Haar des
Mannes war jedoch nicht auf militärische Art geschnitten, sondern eher etwas zu lang, und auf der Seite modisch gescheitelt.
Das Merkwürdigste aber war das Fehlen der Handschuhe, die zu
dem sonst völlig korrekten Ausgehanzug unbedingt gehörten.
Nun mochte er sie wohl vorm Händefalten ausgezogen haben,
aber es hatten sich weder im Beichtstuhl noch sonstwo in der
Kirche oder in ihrer unmittelbaren Umgebung verlorene Handschuhe gefunden. Jedenfalls wurden die Polizisten beauftragt, in
den umliegenden Straßen sorgfältig danach zu suchen, was aber
bei dem in der Marktgegend herrschenden Fastnachtstrubel
ziemlich aussichtslos erschien.

Inzwischen war draußen am Leichhof vor einem Hinteraus-
gang ein pferdebespannter Polizeiwagen vorgefahren. Man
hatte der Fastnacht wegen vermeiden wollen, einen richtigen
Leichenwagen in Erscheinung treten zu lassen, und lieber nach
der sogenannten ›Grünen Minna‹ geschickt, die gerade in diesen
Tagen, in denen es öfters Radaubrüder oder allzu Betrunkene
abzuschaffen galt, in den Straßen kein ungewöhnlicher Anblick
war. Nur folgten ihr immer eine Horde von Gassenbuben, weil
es beim Ausladen der Delinquenten manchmal zu turbulenten
Szenen kam. Zu dieser späten Stunde jedoch durfte man annehmen, mit dem stillen Mann ohne besonderes Auffallen zum Seiteneingang des Kriminalgerichts in der Albinistraße zu gelan-
gen, wo sich die Aufbahrungsstelle für tödlich Verunglückte
oder unbekannte Tote befand.

Bevor man die starre Gestalt auf die Bahre hob, die von zwei
Sanitätsmännern hereingebracht worden war, beugte sich Henrici noch einmal über das Gesicht des Toten, und machte mit
dem Daumen das Kreuzzeichen auf seine Stirn. Erst als die
Bahre dann im sicheren Gleichschritt der Träger, dem etwas Be-
rufsmäßiges anhaftete, wie wenn man Bretter oder Säcke trans-
portiert, aus der gewölbten Halle verschwand, wurde dem Priester bewußt, daß von dem Toten ein eigentümlicher Geruch,
oder Duft, ausgegangen war – wie man ihn bei Männern, noch

dazu Militärpersonen, nicht erwartet. Es war das Aroma eines starken, süßen Parfüms, und gleichzeitig erinnerte sich Henrici – er hatte im Augenblick auf solche Dinge gar nicht aufgepaßt –, daß die unbehandschuhten Hände des Mannes sehr gepflegt waren, und daß er unter der Uniform nicht die grobe Wäsche der gemeinen Soldaten, sondern ein feines Herrenhemd getragen hatte. Henrici wiegte den Kopf und schnüffelte nachdenklich in die Luft, in der sich erst jetzt der süße Hauch des Parfüms verflüchtigte und dem gewohnten Geruch von Stein und kaltem Weihrauch Platz gab. Ihm war plötzlich ganz bang und traurig zu Mut, als habe man ihm ein Kind fortgetragen. Ein seltsames Beichtkind – sagte er vor sich hin. Was hatte der wohl auf dem Herzen gehabt?

Um dieselbe Zeit bestellte ein Mann in einem oberen Zimmer des Hauses Kappelhof Nr. 14 die dritte Flasche Wein. Der Wein, den er ohne zu wählen bestellt hatte, hieß ›Feiner Malaga‹ – weil das Mädchen Rosa, die Inhaberin des Zimmers, nur süß mochte. Es war ein schwerer, klebriger, rasch wirksamer Südwein, von den Hausinsassen ›Verführer‹ genannt.

Die Pächterin oder ›Mutter‹ des Etablissements, eine Frau Guttier, die aber keinesfalls wie ein gutes Tier, sondern französisch Güttjeh ausgesprochen werden wollte, legte keinen Wert auf Gäste, die stundenlang oben blieben – selbst wenn sie tüchtig zahlten –, besonders nicht an einem Abend wie heute, an dem im Kappelhofgäßchen (im sogenannten Schiffersviertel, keine zehn Minuten vom Dom in einem Gewirr von altertümlichen Gassen gelegen) starker Andrang herrschte. Auch mochte sie keine Betrunkenen, die dann manchmal randalierten oder endlose Reden schwangen und nur schwer oder gewaltsam wieder loszukriegen waren. Ihre Grundsätze waren eine glatte Abwicklung des Geschäfts und ein gutes Verhältnis mit der Polizei.

Als ihr gemeldet wurde, daß ein Mann im zweiten Stock die dritte Flasche Bocksmilch bestellte – auch das war ein im Haus gebräuchlicher Beiname des betreffenden Getränks –, und als sie erfuhr, daß der Mann schon über zwei Stunden bei Fräulein Rosa war, während gerade ein geschlossener Sportverein, der Velo-Club ›Harter Schlauch‹, das Wartezimmer, das man Salon nannte, betreten hatte und nach Bedienung schrie, beschloß sie, persönlich nach dem Rechten zu sehn, obwohl sie selbst die oberen Stockwerke selten und nur im Fall von Höchstalarm betrat. Es lag aber hier gewiß schon die erste Alarmstufe vor, denn die vertraute Bedienerin, die mit dem Wein oben gewesen war, hatte ihr berichtet, daß der Mann laut geschluchzt, dabei mit den Fäusten auf seinem Kopf herumgetrommelt habe und sich auch sonst auffällig benehme. Vor allem sei er, nach so langer Besuchszeit und bei der dritten Flasche Venustropfen (auch dies ein Beiname des geschätzten Weins) noch völlig angezogen und das Lager unberührt. Dieser Umstand wirkte auf Madame Guttier besonders alarmierend, zumal der Sportverein im Salon schon die künstliche Palme in den Schirmständer umtopfte und nach Art eines Sprechchors, mit zunehmender Lautstärke, die Namen der von früheren Besuchen erinnerten Mädchen rief.

Die Rosa, dachte Frau Guttier, während sie ihren schweren Leib über den abgetretenen roten Plüschläufer die steile Treppe hinauf schleppte, war allerdings keine der begehrtesten im Haus, obwohl sie die jüngste war. Die strammen, dicken, fleischigen, mit massiven Schenkeln und einem frechen Maul, standen im Vorzug. Die Rosa hatte eher zarte Schenkel und Kinderwaden, auch war sie nicht schlappmäulig und konnte kein ordinäres Wort aussprechen, nur hatte sie ein gewisses heiser-glucksendes, tiefkehliges Lachen, das manche Herren als besonders sinnlich empfanden. Sie war, bis auf seltene Anfälle unvermuteter Störrigkeit, die sich in Heulkrämpfen und langem Sich-Einriegeln im Abort äußerten, von sanfter, willfähriger Gemütsart. Ernsthafte Schwierigkeiten hatte es noch nie mit ihr gegeben, und ihre Gäste waren gewöhnlich die stillsten oder verschämtesten der Besucher.

Die Tür zu Rosas Zimmer war nicht abgeschlossen, da man ja eben erst die dritte Flasche des ›Strümpfausziehers‹, auch dies ein Beiname jenes Weins, serviert hatte, und Frau Guttier bemühte sich nicht um irgendwelche Maßnahmen der Diskretion, sondern öffnete brüsk.

Der Mann saß an dem kleinen Tisch, dessen Hohlsaumdeckchen von Malagaflecken beklebt war, auf dem einzigen Stuhl, während Rosa, die kastanienrötlichen Haare aufgelöst und nur mit einem kurzen, blaßvioletten Hemd bekleidet, an der Tischkante lehnte und seinen Kopf zwischen ihren hügeligen Brüsten hielt, wie den eines betrunkenen Knaben. Er war völlig angezogen, und das einzige, was er außer dem Hut und dem Mantel abgelegt hatte, waren seine ungewöhnlich noblen Wildlederschuhe. Sie standen vor dem Bett und schienen für seine Füße, die in groben Wollsocken groß und plump aussahen, viel zu klein. Dagegen hatte er – und dies wirkte, wie Madame Guttier später kundgab, direkt unheimlich auf sie – weiße Zwirnhandschuhe an den Händen. Ein Mensch, sagte sie sich, der nichts zu verbergen hat, geht nicht mit Handschuhen ins Bett. Vom Bettgehen war allerdings kaum die Rede, denn der Mann hatte, wie schon bemerkt, noch nicht einmal den Rock seines elegant geschnittenen, etwas übermäßig zimmetbraunen Anzugs abgelegt, der übrigens gleichfalls für seine breite Figur einen zu engen oder knappen Eindruck machte.

Im Augenblick war er ruhig, doch offenbar bis zur Besinnungslosigkeit vollgetrunken. Als Rosa auf den leisen, aber scharfen Anruf der Madame ihn losließ, fiel sein Kopf nach vorne auf den Tisch, ein Glas umstoßend, wobei der Mann leise vor sich hin lallte. Frau Guttier zog Rosa auf den Gang hinaus. »Der Kerl muß weg«, sagte sie, »wir haben das Haus voll Kunden.« Was denn überhaupt mit dem los sei? – Er rede ein bißchen komisch, sagte die Rosa, aber er sei nicht schlimm. Er habe gesagt, er wolle für die ganze Nacht bezahlen. Diese Antwort ärgerte die Madame. »Das könnt dir so passen«, fuhr sie das Mädchen an, »dich vom Geschäft drücken, daß der sich ausschnaufen kann! Und ihm vielleicht noch die Hosen- und Westentaschen ausklauen, daß es dann ein Geschrei gibt! Hier ist keine Pennbude. Entweder er...« (sie drückte sich außerordentlich unverhohlen aus) »oder er geht.«

Damit betrat sie energisch das Zimmer, in dessen überheizter, von Haaröl, Puder und verschüttetem Malaga dünstender Luft ihr sofort der Schweiß ausbrach. Mit einem groben Wort faßte sie den Mann an der Schulter. Der hob den Kopf, starrte sie aus geröteten Augen an. Es war das Gesicht eines einfachen Mannes von höchstens fünfundzwanzig bis dreißig, ein gutes, festes Bauerngesicht, nur die Augen flackerten sonderbar.

»Laßt mich in Ruh«, sagte er schwerzüngig, »ich bin ja tot. Ich bin tot. Tot wie der Ferdinand. Der ist nämlich auch tot. Jetzt sind wir alle zwei gestorben...« Er schlug plötzlich mit der behandschuhten Faust auf den Tisch und ließ ein schluchzendes Lachen hören. »Es ist gar nichts dabei«, schrie er laut, »es ist gar nicht so übel, tot zu sein! Es ist manchmal besser!« Er stand mit einem Ruck auf, daß Stuhl und Tisch umstürzten, wankte zum Bett. Der ›Umleger‹ (noch ein Beiname des bekannten Südweins) schien seine Wirkung zu tun. »Laßt mich in Ruh«, lallte er, »ich bin ja tot.« Damit ließ er sich aufs Gesicht fallen.

»Aufstehn!« kommandierte die Guttier, »sofort aufstehn, abhaun! Zieh ihm die Stiefel an!« befahl sie dem Mädchen, das zum Bett getreten war und ratlos, mit einem Anflug von Mitleid, auf den Hingestreckten herabsah. Der regte sich nicht.

Als aber Rosa gehorsam einen seiner Füße hob, um ihm den Schuh anzustreifen, fuhr der Mann in die Höhe. »Ich bleibe hier«, sagte er plötzlich ganz klar zu der Madame, »ich zahle alles.«

»Hier ist kein Hotel«, sagte Frau Guttier ruhiger, »hier kann man nicht bleiben. Hier ist ein Geschäft, das geht stundenweise, und das können Sie gar nicht zahlen, für eine Nacht wie heute.«

»Das kann ich nicht?« schrie der Mann und schien plötzlich wieder völlig ohne Besinnung, »ich kann alles! Ich bin ja tot! Schaut her!« Er lachte schluchzend und riß sich mit einer wilden Bewegung das seidene Innenfutter seines zimmetbraunen Rokkes auf, schmiß ein dickes Bündel Banknoten auf den Bettvorleger. »Da, nehmt«, brüllte er, »nehmt, nehmt, nehmt, nehmt! Wir Toten sind reiche Leut! Wir zahlen – zahlen alles...!«

Damit fiel er aufs Bett zurück und begann mit offenem Mund

30

zu schnarchen. Bei diesem Fall war ihm etwas aus der Hosentasche gerutscht, und stürzte jetzt mit hartem Aufschlag zu Boden, fast auf Madame Guttiers Fuß. Es war eine kleine, dunkle, mit Perlmutt eingelegte Pistole.

»Allez vite«, sagte die Madame und zerrte Rosa am Arm hinaus, die noch einen besorgten Blick auf den schwer atmenden Menschen warf. Draußen drehte Frau Guttier den Schlüssel um und gab dem Mädchen, das sie plötzlich in einem stummen Ringkampf daran hindern wollte, eine schallende Ohrfeige. Dann zog sie den Schlüssel ab, steckte ihn in ihr Korsett und ging zum Telefon, um die Polizei anzurufen. Rosa weinte.

Am Fastnachtsonntag änderte sich das Wetter. Schon in der Frühe, als die närrische Reveille mit Pfeifenmusik und Trommelschlag durch die Straßen zog, hatte es aufgehört zu regnen, bald glänzte das zarte seidige Licht eines umschleierten Sonnenaufgangs auf dem feuchten Pflaster, und als es zusammenläutete, spiegelte sich ein vorfrühlingshaft glasgrüner Himmel in den bräunlich zum Ufer schäumenden, hochgehenden Wellen des wintergeschwollenen Rheins. Jeanmarie, Bettine und Viola standen ganz vorn an der Spitze des kleinen Dampfschiffs, das stromauf unter der neuen Kaiserbrücke hindurch zum städtischen Landeplatz stampfte, der leichte weiße Wind umzüngelte ihre jungen Gesichter, der scharfe Duft des Rheinwassers durchfeuerte sie wie ein starkes, reines Getränk. Alle Fremdheit oder Verlegenheit zwischen den dreien war von dem gemeinsamen Empfinden dieser schwerelosen Morgenfrische wie weggeblasen. Heitere Zurufe, den Maschinenlärm des Dampfers und das zischende, schleifende Rauschen der Kielwellen übertönend, flogen zwischen ihnen wie Bälle hin und her.

Goldene Ströme von Glockengeläut aus den vielen Pfarrkirchen vermischten sich und wogten über der Stadt. Die jungen Leute hatten vor, das Hochamt im Dom zu besuchen, den Viola noch nie von innen gesehen hatte, und sich dann gegen Mittag das Maskentreiben in den sonntägigen Straßen anzuschauen.

Dieser Sonntag, als leichter Vorgeschmack eines drei Tage lang ansteigenden und mit steigender Lust genossenen Volksfestes, war hauptsächlich der Jugend gewidmet, während der Montag mit dem großen, immer von gleicher Neugier erwarteten Fastnachtszug, und der Dienstag mit einem traditionellen Blumen- und Apfelsinenkorso in geschmückten Kutschen, die ›Kappefahrt‹ genannt, sowie die am Montag und Dienstag abend stattfindenden populären Maskenbälle ein enormes Leistungsvermögen an geselliger Lustbarkeit von allen Altersklassen erheischten.

Jetzt aber, bald nach der Kirchzeit, zogen maskierte junge Leute beiderlei Geschlechts in bunten Reihen durch die größeren Straßen der Stadt, allen Fahrverkehr sperrend – verlarvte Kinder tobten in kleineren Trupps umher, um unmaskierte Erwachsene, besonders wenn sie Respektpersonen wie Großväter oder Schullehrer erwischten, mit ihren harmlosen Papierpritschen auf den Rücken zu klatschen, sie mit Konfetti zu überschütten oder mit Rosenwasser anzuspritzen, wobei man sie mit verstellter, hoher Kopfstimme bei ihren Spitznamen rief. Die Ludwigstraße, der breite ›Boulevard de Mayence‹, war durch die in hüpfendem Tanzschritt einander folgenden Maskenketten von einem Trottoir zum anderen geradezu blockiert, während maskierte Einzelgänger sich einen Sport daraus machten, die mit den Armen ineinander verflochtenen Marschreihen zu durchbrechen und in Verwirrung zu bringen.

Die billigste und kommunste Maske war der ›Bauer‹, sie bestand in nichts als einem weiten blauen Kittel, der über alle Kleidungsstücke gestreift werden konnte, und einer groben, gleichsam gedunsen glotzenden Gesichtslarve mit Zipfelmütze. Die ›Bauern‹ waren gefürchtet und standen im Verruf der Roheit, und die Mädchen liefen gern vor ihnen weg, denn sie trugen manchmal kleine Fuhrmannspeitschen oder harte Holzpritschen statt der üblichen, gefächerten Klatschen aus Papiermaché. Aus den Mundöffnungen ihrer Larven, die vom vielen Schreien schon speichelfeucht verweicht waren, drang oft mit schlechtem Atem und dem Geruch von Leim und Farbe ein Schwall wüster

Worte. Denn sie fühlten sich eben, in ihrer Bauernrolle, auch zu sprachlicher Derbheit verpflichtet.

Sonst aber waren Roheit und Gewöhnlichkeit fremd und verpönt, das Vulgäre oder Obszöne hatte innerhalb der unbeschränkten Freiheit und der ansteckenden, kindlichen Lustigkeit dieser Maskentage keinen Platz: alle Welt, ungeachtet des Standes, arm und reich, hoch und niedrig, alt oder jung, spielte mit bei dem großen Lust-Spiel der losgelassenen Geister, der flüchtigen Vermischung, der vertauschten Rollen, der verrückten Gesetze, und es herrschte im tollsten Durcheinander immer noch eine merkwürdige, unerzwungene und beinah kulthafte Ordnung.

Auch die Masken waren nach einer gewissen archaischen Ordnung typisiert: vom plumpen Bauern bis zum zierlichen Rokokoprinzen oder dem mittelalterlich mit Talar und Perücke aufgemachten ›Doktor‹ gab es alle möglichen Arten festgelegter Verkleidungen, unter denen die häufigste und populärste der ›Bajass‹ war – als Wort von Bajazzo stammend und auch durchweg in dessen mehlweißer, weitgebauschter, spitzkappiger und mit farbigen Pompons verzierter Tracht –, während es, besonders bei Kindern, noch die Spielart des ›Schnippelbajass‹ gab, dessen Kostüm einfach darin bestand, daß man auf einen alten Anzug unzählige Schnitzeln aus farbigem Glanzpapier wie ein Papagenogefieder aufgenäht hatte. Diese Narrensorte hatte auch die Aufgabe des ›Klepperns‹, mit einem eigens dafür erfundenen Instrument, einem in die Hand eingepaßten schmalen Stück Hartholz, an dem rechts und links an elastisch schwingenden Metallstäbchen zwei Bleikugeln angebracht waren. Das harte, rhythmische Kleppern, das gelernt und gekonnt sein mußte, schepperte denn auch überall durch die Stadt, vom schrillen oder nasalen, kreischenden oder trillernden, langgezogenen oder stoßweisen Tuten, Heulen und Quietschen aus allen Spielarten von Kindertrompeten oder Schweinsblasen untermischt.

Die beiden Mädchen hatten Jeanmarie in die Mitte genommen, sie hatten sich an einem Verkaufsstand mit komischen Hutfedern und närrischen Abzeichen versehen und zogen, die

Arme fest ineinander eingeklammert, mitten durch das Masken-
getriebe am Marktplatz und auf der Ludwigstraße, wobei die
Geschwister versuchten, der von dem ungeheuren Trubel ganz
verwirrten Viola so viel wie möglich von den spaßhaften Ge-
pflogenheiten zu erklären und beizubringen. Es wollte aber
Jeanmarie erscheinen, daß die Sizilianerin nicht nur vom An-
sturm ungewohnter Eindrücke überwältigt, sondern in Wirklichkeit gar nicht bei der Sache war, gar nicht ganz anwesend,
oder zum mindesten in sprunghaften Intervallen seiner und jeder
Gegenwart entgleitend oder sich entziehend, bald ganz in sich
selbst versponnen, bald von einer geradezu angstvollen oder ge-
hetzten Anstrengung ihres Innern erschöpft. Schon am Vor-
abend, als er sie bei seinen überraschten Eltern und ihrer Gesellschaft eingeführt und sich dann betreuend an ihrer Seite gehalten
hatte, fühlte er sich von dieser merkwürdigen Abwesenheit,
oder Nichtanwesenheit, ihrer Person wie von etwas Krankem,
gefährlich Unfaßbarem, fast Gespenstischem, irritiert und
beunruhigt, gleichzeitig erregt und angezogen. Jetzt aber, inmitten der kindlich-übermütigen Kapriolen des Fastnachtstrei-
bens, glaubte er mehr und mehr in ihren Blicken ein rastloses,
angespanntes Herumsuchen zu bemerken, manchmal wandte
sie sich plötzlich hart um und folgte irgendeiner maskierten
Männergestalt oder auch einem unkenntlich vermummten Bub
mit weit aufgerissenen Augen, als erwarte sie, jemanden zu erkennen oder wiederzufinden.

Als sie, vom unablässigen Gedränge ermüdet, von der Ludwigstraße in eine stillere Seitengasse zum Ballplatz hin ein-
bogen, begab sich etwas Erstaunliches. Einer jener ›Bauern‹,
irgendein kleiner untersetzter Kerl mit vornübergeneigtem,
etwas schwankendem Gang – vielleicht hatte er schon einen
Frühschoppen hinter sich –, kam zufällig an der Straßenecke so
dicht an die jungen Leute heran, daß er sie fast anrempelte, wobei er, um die jungen Mädchen zu schrecken, das zu seiner Bauernrolle gehörende, unartikulierte Narrengeheul in heiseren
Kopftönen ausstieß und aus seinem Kittel heraus heftig mit den
Händen fuchtelte, so daß er fast aussah wie ein im Bellen hoch-

springender Hund. Fast im gleichen Augenblick schon wandte er sich wieder von ihnen ab und stürzte sich mit tolpatschigen Sätzen ins Menschengewühl. Viola aber hatte laut aufgeschrien, und es war Jeanmarie, als sei es nicht ein Laut des Erschreckens oder der Angst, sondern ein – im Lärm unverständlicher – Name gewesen, der ihr entfahren war, gleichzeitig riß sie sich mit einer wilden Bewegung von seinem Arm los und versuchte, der schon über die Straße verschwundenen Gestalt nachzurennen... Mit Mühe gelang es ihm, ihr zu folgen und sie, fast mit Gewalt, zurückzuzerren. Sie schien ganz von Sinnen und wäre sonst von einer der im Polkaschritt heranstürmenden Maskenreihen mit- oder umgerissen worden.

Bettine stand an einen Laternenpfahl angeklammert und schüttelte sich vor Lachen. Sie hatte Violas heftige Reaktion für einen Ausbruch temperamentvollen Zorns oder Ärgers gehalten, weil der ›Bauer‹ sie mit seinen fuchtelnden Armen berührt und betastet hatte, und daß sie ihm nachgerannt sei, um ihn zu strafen. Jeanmarie aber hatte etwas wie einen beklemmenden Schauder verspürt, und seine Hand, mit der er Viola jetzt an sich hielt, zitterte nervös. Vielleicht auch war es das Zittern ihres Armes, das in seine Nerven übersprang. Ihre Lippen waren weiß geworden, ihre Augen schienen versteinert.

»Wir müssen uns irgendwo hinsetzen«, meinte Bettine, »es regt sie zu sehr auf.« Sie lief voraus, da sie in der Nähe ein kleines Café wußte, wo man vielleicht ein Tischchen ergattern könne. Langsam folgte Jeanmarie mit der noch immer bebenden Viola. Plötzlich blieb er stehn und wandte sich ihr zu, ohne sie loszulassen. »Darf ich dich etwas fragen«, sagte er. Sie schaute an ihm vorbei, antwortete nicht. »Warum«, sagte er, »bist du hierher gekommen?«

Ihr Arm hörte auf zu zittern. Sie drehte ihm das Gesicht zu, es war blaß und unbewegt, in ihren Augen glimmte etwas Böses, Feindseliges. »Weshalb fragst du mich das?« sagte sie leise. Er zuckte die Achseln, sah ihr voll ins Gesicht. Ihre Augen veränderten sich, wurden weich, dunkel, vertrübt. Eine Art von Lächeln spielte um ihren Mund. »Weil ich dich gesucht habe«, sagte sie traurig. »Dich, Jeanmarie.« Dann wendete sie sich ab, ließ seinen Arm fahren, ging voraus. Jeanmarie folgte betroffen.

Am Sonntag gegen Abend hatte Panezza eine sehr unangenehme Nachricht bekommen, es war mitten während eines Dämmerschoppens des ›Großrats der Närrischen Elf‹, deren jeder aber noch elf Gäste hatte mitbringen dürfen, so daß es im ganzen zwölf mal elf plus eine Person waren, nämlich die der Prinzessin Karneval. Sie hatten sich die Büttenredner, die bei einer solchen Gelegenheit, in einem leeren Faß stehend, witzige Suaden und manchmal sogar Stegreif-Verse improvisierten, zum Ziel genommen, indem sie abwechselnd versuchten, in durchweg charmanter, nicht aggressiver Weise die beiden k in ihrem Nachnamen zu veralbern und sie womöglich noch mit dem großen K ihres Vornamens zu alliterieren. »Das Katharinche hat zwei k – k – Koppkisse zu Haus, – das Katharinche hat zwei k – k – Kappekavalier am Bendel« – und so weiter, und das Publikum sparte weder mit Beifall, wenn es eine kleine Anzüglichkeit oder Anspielung vermutete, noch mit dem vernichtenden Mißfallensruf: »Der Aff! Der Aff!«, wenn ein Witz ihm zu albern oder gar ungehörig erschien: dann stürzte eine über der Bütt an Zugschnüren aufgehängte Wollglocke mit wüster Affenmaske herunter und bedeckte den Erfolglosen mit seiner Schande.

Panezza ließ sich nicht merken, daß er bei diesen Späßen, soweit sie seine prinzliche Gefährtin betrafen, auf heißen Kohlen saß, und lachte sogar überlaut, aber mit leeren Augen, bei jeder halbwegs erträglichen Pointe. So empfand er es fast als eine temporäre Erlösung, als ihn ein buntbekappter Kellner zum Telefon rief. Doch als er zurückkam, schien er ernst und verändert, flüsterte rasch mit Katharina, deren immer gleichmütiges, sanftes Gesicht mit dem verträumten Lächeln und den feuchtwarmen, etwas einfältigen Augen ohnehin nie etwas von ihren Heimlichkeiten verriet, und entfernte sich unauffällig während eines gemeinsam gesungenen, vom närrischen Hofdichter verfaßten Dialektlieds.

Da an diesem Tag außer einer karnevalistischen Festausgabe keine Zeitung erschienen war, hatte bisher niemand, auch er nicht, irgend etwas von dem unheimlichen Ereignis im Dom und von der Verhaftung im Kappelhof erfahren. Jetzt aber hätte man ihn von seiten des Kriminalgerichts informiert, daß er – in seiner Eigenschaft als ehrenamtlicher Ortsvorsteher von Nieder-Keddrich und auch aus anderen, noch nicht bekanntzugebenden Gründen – wegen eines Mordfalles zusammen mit seinem Sohn Jeanmarie auf Montag früh neun Uhr zu einer gerichtlichen Untersuchung vorgeladen sei. Auch habe er für das gleichzeitige Erscheinen der Witwe Therese Bäumler aus Nieder-Keddrich Sorge zu tragen. Auf seine bestürzte Rückfrage, ob man denn nichts von seinen unaufschiebbaren Verpflichtungen an diesem Tag wisse – denn um elf Uhr elf Minuten elf Sekunden beginne doch der große Fastnachtszug, auf den die ganze Stadt und ein paar tausend zugereister Besucher warteten und bei dem er unter keinen Umständen fehlen könne –, hatte man ihm bedeutet, es handle sich um eine besonders dringliche Angelegenheit, deren Aufklärung nicht verzögert werden dürfe. Jedoch nehme man an, daß man die Vernehmung, wenigstens soweit seine Anwesenheit dabei notwendig sei, vor elf abschließen könne.

So wurde am Montag morgen in Keddrichsbach wieder ein Mietauto bemüht, und beide Panezzas, Vater und Sohn, hatten ihre liebe Not, die Bäumlern zum Einsteigen in dieses ihr unheimliche und widerwärtige Gefährt zu bringen, vor dem sie eine höllische Angst hatte. Überhaupt hatte man sie fast gewaltsam aus ihrem, in einem kleinen Zwiebelgärtchen gelegenen, baufälligen Backsteinhäuschen herausholen müssen. Mit der Polizei, schrie sie immer wieder, habe sie nie etwas zu tun gehabt, und wolle sie auch nichts zu tun haben. Sie sei eine anständige Person, und alles andere sei Verleumdung und böse Nachrede, sie könne sich schon denken von welcher Seite. Unter solchen gegenstandslosen Redensarten und Wutausbrüchen – denn worum es sich wirklich handle, konnte man ihr nicht sagen, da man es selbst noch nicht wußte – hatte sie sich zunächst geweigert, sich anzuziehen, und nur das gute Zureden Jeanmaries, den sie als ihr Ammenkind ins Herz geschlossen hatte und von dem sie nichts Böses erwartete, hatte es überflüssig gemacht, den Ortspolizisten zu Hilfe zu rufen.

Jetzt saß sie zusammengekauert zwischen den beiden Herren im Rücksitz des furchtbar stoßenden und holpernden Autos und murmelte unverständliche Worte vor sich hin, die Gebet oder Fluch sein konnten. Sie trug das schwarze Kleid, mit dem sie sonntags zur Kirche ging, und ein ebenfalls schwarzes, aber mit Violett gemustertes, besseres Umschlagtuch um Kopf und Schultern, das ihr Frau Panezza einmal zu Weihnachten geschenkt hatte. Die Hände hatte sie in ihrem Schoß zu Fäusten geballt. Jeanmarie hatte seine Uniform angelegt, da ihm bedeutet worden war, daß er auch in Sachen seines Regiments auszusagen habe, und Panezza war im dunklen Anzug, doch zu seinen Füßen standen zwei große Kartons, in denen sich das gesamte Kostüm des Prinzen Karneval mit all seinem Zubehör befand. Er stand vor der etwas peinlichen Aufgabe, sich dann im Gerichtsgebäude umkleiden und es als Närrische Hoheit verlassen zu müssen.

Als sie über die Straßenbrücke fuhren, lag der schon beruhigtere, merklich abgeschwollene Strom in einem klaren, föhnigen Licht, gleichsam geronnen. Es war alles wie blankes Metall, die Wellen schienen sich nach aufwärts zu stauen, man konnte kaum ihr starkes Fließen an den Brückenpfeilern erkennen. Der Taunus wie ein dicker, schwarzblauer Wurm auf den Fußboden gekrümmt, die Stadt so nah und schwer, als wollte sie den Herankommenden auf den Kopf fallen. Selbst die tiefen schillernden Wolken am emailblauen Himmel waren stehengeblieben und glotzten fischäugig herab. Die Bäumlern flunschte und murmelte, sonst sprach keiner ein Wort.

Beim Hauptportal des Amtsgerichts in der Schloßstraße wurden sie von einem Schutzmann zum Seiteneingang gewiesen und dann in einen mittelgroßen Raum geführt, der neben der Leichenhalle lag.

Einige Herren hatten sich dort versammelt, die Panezza durchweg bekannt waren: an einem kleinen Tisch auf einem Podium saßen, ohne Amtstracht, der Oberstaatsanwalt Dr. Classen, ein vollbärtiger Herr aus einer preußischen Familie, der hier nicht sehr beliebt war, der Kriminalrat Dr. Merzbecher mit zwei Kollegen und ein junger, noch wenig bekannter Anwalt namens Levisohn. Außerdem der Gerichtsarzt, ein Kommissar, zwei uniformierte Schutzleute, die neben dem Podium standen, und ein Gerichtsdiener. Auf halbkreisförmig angeordneten Stühlen dem Podium vis-à-vis saßen der Domkapitular Dr. Henrici, dann Dr. Carlebach, der vertraute Hausarzt vieler guter Familien, und einer der beiden Domschweizer in Zivil, der andere war wegen eines Anfalls von Gelenkrheumatismus entschuldigt. Zu seinem Staunen fand Jeanmarie außerdem den Regimentsadjutanten der 6er Dragoner, einen Rittmeister Graf Riedesel, sowie den etatsmäßigen Wachtmeister der dritten Schwadron, bei der er selber Dienst tat.

Man begrüßte sich kurz und leise, die beiden Panezzas nahmen ebenfalls in dem Halbkreis Platz und zogen die widerstrebende, niemanden anschauende Bäumlern zwischen sich auf einen Stuhl. Dort saß sie jetzt still und ohne Murmeln, mit einem Gesicht, als sei der Jüngste Tag angebrochen. Man habe nur noch, sagte der Oberstaatsanwalt, auf zwei weitere Zeugen zu warten, bevor man mit der Untersuchung beginnen könne.

Panezza schaute nervös auf die Uhr, als man draußen mit lautem Hufgeklapper eine zweispännige Chaise anrollen hörte und durchs Fenster beobachten konnte, wie der Kutscher und Fräulein Rosa der Madame Guttier mit einiger Mühe heraushalfen. Sie hatte es vorgezogen, in einem geschlossenen Wagen durch die Stadt zu fahren, da sie und Rosa trotz der zeitigen Stunde von Maskierten hätten erkannt und mit der Pritsche geklatscht oder sonstwie belästigt werden können. Man wies die beiden an, sich auf zwei gesonderten Stühlen im Hintergrund niederzulassen.

Madame Guttier war gekleidet wie eine wohlsituierte Bankiers-
gattin, in keiner Weise auffällig oder übertrieben, nur hatte sie
etwas zu viel Schmuck angelegt, während Rosa in einem be-
scheidenen Wollkleidchen, dunkelbraunem Mantel mit schwar-
zem Plüschkragen und schleierbesetztem Filzhütchen den Eindruck einer braven, zur Stadt gefahrenen Landwirtstochter
machte. Ein leiser Geruch von Veilchenparfüm und starker
Kernseife strömte von ihr aus.

Der Oberstaatsanwalt klopfte kurz mit dem Knöchel auf den
Tisch, öffnete ein nicht sehr dickes Aktenbündel und lehnte sich
zurück. »Ich verzichte darauf«, sagte er nach einem Blick zum
Kriminalrat, »die Anwesenden en bloc zu vereidigen, da es sich
um eine Vorverhandlung handelt, wie sie auf Grund der Straf-
prozeßordnung vom 7. Januar 1869 und der zusätzlichen Be-
stimmungen vom 12. September 1873 bei besonderem Anlaß
von der Staatsanwaltschaft, in Übereinstimmung mit der Un-
tersuchungsbehörde und unter Ausschluß der Öffentlichkeit,
anberaumt werden kann.« Wesentliche Aussagen von besonderer Bedeutung könnten dann unter Eid wiederholt werden. Jedoch fordere er die sämtlichen Anwesenden auf, und zwar unter
Androhung einer Gerichtsstrafe im Fall des Zuwiderhandelns,
über alles hier Gefragte, Ausgesagte und Besprochene vorläufig,
nämlich bis zur öffentlichen Gerichtsverhandlung, vollständiges
Stillschweigen zu bewahren, um den Gang der Untersuchung
nicht zu erschweren oder zu gefährden. Daß er von jeder zum
Zeugnis aufgerufenen Person eine absolut wahrheitsgetreue
Aussage erwarte, bei der nichts hinzugefügt und nichts ver-
schwiegen werden dürfe, verstehe sich von selbst. Er erteile jetzt
dem Kriminalrat Dr. Merzbecher die Vollmacht zur Befragung.

Sobald dieser, ein auf einem Weingut in Oppenheim gebore-
ner, stadtbekannter Beamter, das Wort ergriff, wich der bei
Classens Rede entstandene peinliche Eindruck, auf der Anklage-
bank zu sitzen. In seiner sehr zivilen, eher konversationellen Art
teilte Merzbecher den Anwesenden mit, es sei am Samstag gegen Abend ein Mann ermordet worden, als er sich gerade im
Dom zur Beichte begeben wollte, und es sei in derselben Nacht

ein der Tat Verdächtiger verhaftet worden. Die Untersuchungskommission habe sich auch schon eine gewisse Theorie über die
Umstände der Tat gebildet, doch sei vieles noch unklar, und
man rechne daher auf die Unterstützung der hierher Gerufenen,
soweit ihnen dies möglich sei. Zunächst handle es sich um die
Identifizierung sowohl des ermordeten als des tatverdächtigen
Mannes, und er möchte daher einige Fragen an die Arbeiterwitwe Therese Bäumler aus Nieder-Keddrich richten.

Die Bäumlern machte, auch nach mehrmaligem Anruf, keinerlei Anstalten, aufzustehen. Angstvoll und störrisch starrte sie
auf die geballten Hände in ihrem Schoß. Erst als Jeanmarie sie
sanft unterm Arm faßte, entschloß sie sich, sich halb zu erheben,
jedoch stand sie mit geduckten Kniekehlen und schaute nicht
zum Podium.

»Seien Sie unbesorgt«, sagte der Kriminalrat, »es geschieht
Ihnen hier nichts, wir bitten Sie nur um eine Auskunft. Sie sind
die verwitwete Therese Bäumler aus Nieder-Keddrich?« Die
Bäumlern nickte kurz mit dem Kopf. »Ihr Mann war Transport-
arbeiter?« – »Er hat Ziegel verladen«, murmelte die Bäumlern,
»an der Station.« – »Er ist im Jahr 1900 gestorben?« – »Der ist
nicht gestorben«, sagte die Bäumlern, »der ist druntergekom-
men.« – »Was ist er?« – »Unter den Zug.« – »Also verun-
glückt.« Die Bäumlern machte eine Kopfbewegung, die man als
Zustimmung oder Ablehnung deuten konnte. »Sie hatten aus
dieser Ehe zwei Söhne, Clemens und Ferdinand?« Die Bäumlern antwortete nicht, ihr Mund verhärtete sich. »Bitte geben Sie
mir eine kurze Antwort. Sie haben zwei Söhne?« – »Der Clemens«, sagte die Bäumlern, »ist bei den Soldaten.« – »Und der
Ferdinand?«

Die Bäumlern setzte sich mit einknickenden Knien auf ihren
Stuhl zurück, schaute in ihren Schoß, die Lippen fest verkniffen.
»Bitte, Frau Bäumler«, sagte der Kriminalrat, »es sind nur noch
ein paar ganz kurze Fragen. Die *müssen* Sie uns aber beantworten. Ich habe nach Ihrem Sohn Ferdinand gefragt.« Die Bäumlern regte sich nicht.

»Therese«, sagte Panezza leise mahnend, und versuchte, sie

durch ein Unterfassen ihres Ellbogens zum Aufstehen zu bewegen. Sie zog mit einer barschen, unwilligen Bewegung ihren Arm zurück, ihr Kopf sank tiefer. »Reeschen«, sagte Jeanmarie bittend, und strich ihr über die Hände. Sie hob den Kopf, schaute Jeanmarie ins Gesicht. »Das wißt ihr doch«, murmelte sie dann, ohne aufzustehn. »Mein Ferdinand lebt nicht mehr.« Sie sah Jeanmarie vorwurfsvoll an, als sei er daran schuld, daß man sie hier so plage.

»Sie nehmen also an«, fuhr Merzbecher fort, »daß Ihr Sohn Ferdinand tot ist. Wie sind Sie zu dieser Annahme gekommen?«

Die Bäumlern schaute wieder in ihren Schoß, und ließ den Kopf tiefer sinken, ihre Augen waren nicht mehr zu sehn. Ihr Atem begann kurz und seufzend zu pfeifen.

Jetzt erhob sich Panezza. »Ich habe nicht das Recht«, sagte er, »Ihnen hier dreinzureden, aber ich verstehe nicht, warum man die Frau mit völlig überflüssigen Fragen quält, die sie nur verletzen müssen. Es ist doch allgemein bekannt, daß der Ferdinand Bäumler tot ist.«

»Wissen Sie das genau?« fragte der Kriminalrat, »könnten Sie das beeiden?«

»Ich kann beeiden«, sagte Panezza, »daß ich in meiner Eigenschaft als Amtsvorsteher und Armenpfleger von Nieder-Keddrich selbst die Dokumente gesehen und begutachtet habe, aus denen das einwandfrei hervorging. Der Ferdinand Bäumler ist, als Fremdenlegionär, bei Wahdi Askrah gefallen.«

»Was für Dokumente sind das gewesen?«

»Eine amtliche Benachrichtigung von seinem Bataillon, in französischer, und vom deutschen Konsulat in Algier, in deutscher Sprache. Außerdem wurden der Frau seine Habseligkeiten zurückgeschickt.« Worin die bestanden hätten? Das wisse er nicht mehr ganz genau, aber es sei nichts von Bedeutung gewesen. Eine billige Uhr, ein Soldbuch, ein Groschenroman, ein deutsch-französischer und ein deutsch-italienischer Dictionnaire und ein paar Briefe, die er von seiner Mutter bekommen hatte, sonst nichts, soweit er sich entsinne. Aber diese

Dinge seien wohl alle noch bei der Frau Bäumler vorzufinden, falls das von Belang sei.

Die Bäumlern hatte jetzt ihre Ellbogen auf die Schenkel gestützt, und sah, mit vermörtelten Lippen und einem stieren, bösen Blick, zum Podium hinauf. »Wann ist diese Todesnachricht eingetroffen?« fragte Merzbecher. »Warten Sie«, sagte Panezza, »es muß letzte Ostern gewesen sein. Ja, es war in der Karwoche, vorigen Jahres.« – »Danke, Herr Panezza«, sagte der Kriminalrat.

»Ich muß Ihnen jetzt«, fuhr er nach einer verlegenen Pause fort, »leider eine persönliche Identifikation zumuten, von der wir mit dem besten Willen auch die Mutter – ich meine Frau Bäumler – nicht ausschließen können. Vielleicht darf ich die Herren, die sie näher kennen, bitten, ihr nach Kräften beizustehn. Ich rufe Herrn Adelbert Panezza, Herrn Leutnant Panezza, Frau Bäumler, dann Euer Hochwürden« – er neigte sich zu Henrici –, »Herrn Dr. Carlebach und den Domschweizer Philipp Seilheimer.«

Es erhoben sich außerdem der Oberstaatsanwalt, der Gerichtsarzt und der Kriminalkommissar; einer der Schutzleute hatte bereits die schwere Doppeltür zur Leichenhalle geöffnet, aus der ein sonderbar ätzender Geruch, wohl von einem Desinfektionsmittel, drang.

Alle Aufgerufenen hatten schon ihre Sitze verlassen, nur Jeanmarie war bei der Bäumlern geblieben und versuchte nun, sie zum Aufstehen und Mitkommen zu bewegen. Mit der aber war während der letzten Sätze des Kriminalrats eine vollständige Veränderung vor sich gegangen. Ihr Gesicht sah auf einmal nicht mehr alt, verhärmt und verfallen aus, sondern es war auf unbegreifliche Weise jung und straff geworden, die Falten um den Mund und um die Augen hatten sich verzogen oder geglättet, die Lippen standen offen und ließen eine Reihe noch gut erhaltener Zähne sehn, und ihre Augen glänzten in einer wilden, fiebrigen, fast hysterischen Spannung. Jeanmarie – obwohl er nicht wußte, was bevorstand – erschrak furchtbar. Es war ihm klar, daß etwas völlig Wahnwitziges in ihr vorgegangen war und daß sie, ohne etwa den Worten genau gefolgt zu sein oder ihren Sinn richtig verstanden zu haben, nun etwas ganz und gar Irreales erwartete, eine Auferstehung, ein Wunder, jedenfalls ein Ereignis, das in ihr mit einem Schlag alle Lebenskräfte und alle verschütteten Quellen aufbrechen ließ. Mit einem Ruck stand sie auf und schritt ohne ihre gewohnte Schwerfüßigkeit, als habe sie ein Recht zum Vortritt, allen anderen voraus auf die geheimnisvolle Doppeltür zu, die sie dicht hinter den Gerichtspersonen erreichte.

Drinnen, in der Mitte des sonst leeren Raums, auf einer Art Operationstisch, lag eine Gestalt, die mit einem Leichentuch bedeckt war. Die Fenster des Raums waren geschlossen, schwere Jalousien herabgelassen, und über dem Tisch mit der bedeckten Gestalt war eine scharfe, scheinwerferartige Blendlampe angedreht. Die Bäumlern war gleich nach ihrem Eintritt stehengeblieben und starrte mit weit offenem Mund, aus dessen Winkel etwas Speichel rann, zu dem Tisch hin. Jeanmarie und Panezza blieben neben ihr, die anderen Herren stellten sich mit einer Art von Scheu zur Seite. Mit einer ruhigen, fachmäßigen Bewegung deckte der Gerichtsarzt den oberen Teil des starren Körpers auf, während Merzbecher den Eingetretenen winkte, näher heranzukommen. Von beiden Panezzas geführt, stakte die Bäumlern mit versteiften Knien und herabhängenden Händen voran.

»Frau Bäumler«, sagte der Kriminalrat leise und mit einer von Mitgefühl rauhen Stimme, »kennen Sie diesen Mann?«

Die Bäumlern machte sich von Panezza und Jeanmarie, die noch immer versuchten, sie unter den Achseln zu stützen, los. Sie trat noch einen Schritt näher. Sie stand jetzt ganz dicht bei dem Aufgebahrten. Sie stand kerzengerade. Sie wankte nicht. Ihr Mund hatte sich geschlossen, ihre Hände falteten sich langsam vor der Brust, ihre Augen glitzerten heiß und trocken. Dann sagte sie mit einer Stimme, die nicht die ihre zu sein schien – sie klang wie die eines Kindes: »Ihr habt ihn mir heimgebracht.«

Es war ganz still im Raum, man hörte niemanden atmen, auch die Bäumlern nicht. Merzbecher wollte etwas sagen, verschluckte es aber. Mitten in die vollständige Stille knarrte die

Stimme des Oberstaatsanwalts Classen: »Ist dies nun also der gewisse Ferdinand Bäumler, ja oder nein?«

In diesem Augenblick kam ein heiseres Keuchen aus der Kehle der Bäumlern, und sie warf sich, ehe es jemand hätte verhindern können, mit aller Wucht ihres Leibes über den Toten hin, klammerte sich an seine kalten Schultern, versuchte, ihn aufzuheben und an ihre Brust zu pressen, bedeckte sein Gesicht mit wilden, verzweifelten, in der Stille laut schmatzenden Küssen.

Die Herren standen ratlos herum, von der Besessenheit dieses Ausbruchs wie festgebannt, und keiner fand einen Weg, ihn zu beenden oder abzukürzen. Selbst Dr. Henrici, der schon vielen Menschen in ihrer innersten Not beigestanden hatte, hob nur hilflos die Hände und suchte nach einem Wort des geistlichen Trostes, das er nicht fand. Auch hätte die Bäumlern, in ihrem völlig außervernünftigen Toben und Rasen, ihn weder gehört noch verstanden.

Hier griff wieder der Oberstaatsanwalt Classen in einer harten, unzarten, aber diesmal rettenden Weise ein. »Hören Sie, Frau«, sagte er mit seiner bolzigen Stimme, »Ihr Sohn ist nicht auf natürliche Weise gestorben. Ihr Sohn ist umgebracht worden«, fügte er noch etwas lauter und schnarrender hinzu.

Die wälzenden Zuckungen des schweren Frauenleibs über der Leiche hörten mit einem Schlag auf. Ihr Kopf hob sich, als werde sie an den Haaren hochgezogen. »Bei Wahdi Askrah«, murmelte sie, wie wenn man eine eingelernte Formel wiederholt.

»Nein«, sagte Dr. Merzbecher rasch, »er ist nicht bei Wahdi Askrah gefallen, das muß ein Irrtum gewesen sein. Er ist ermordet worden, in dieser Stadt, kaum eine Stunde von seiner Heimat, und wir sind hier, um den Mord zu sühnen, an dem, der ihn begangen hat.«

Die Bäumlern antwortete nicht, niemand wußte, ob sie ihn überhaupt gehört hatte. Ihr Gesicht war wieder alt und schlaff geworden, der Gang, als man sie jetzt zu den Stühlen im Nebenraum zurückführte, schwerfüßig und schleppend. Sie saß wie beim Anfang der Untersuchung, die Hände im Schoß geballt, den Kopf tief gesenkt, mit unsichtbaren Augen.

Auch Panezza schaute auf seine Knie und hielt die Hände fest ineinander geschlossen, wie jemand, der sich mit Anstrengung zu beherrschen sucht. Der Anblick der Leiche und das Verhalten der Bäumlern schienen ihn mehr angegriffen zu haben, als er sich merken lassen wollte.

Die Beamten hatten wieder auf dem Podium Platz genommen, nachdem der Kriminalrat sich von Dr. Henrici, Dr. Carlebach und dem Domschweizer die Identität des Toten mit dem Dragoner vom Samstagabend hatte bestätigen lassen. Panezza und Jeanmarie hatten gleichfalls zu Protokoll gegeben, daß sie in dem Toten den, wenn auch etwas veränderten, Ferdinand Bäumler wiedererkennen könnten, der vor einigen Jahren, aus Angst vor Bestrafung wegen eines unbedeutenden Delikts, zur Fremdenlegion durchgebrannt war.

Die Tür zur Leichenhalle hatte sich lautlos geschlossen. »Wir schreiten jetzt«, sagte Dr. Merzbecher, »zum zweiten Teil der Untersuchung.« Damit übergab er dem Gerichtsdiener einen flachen Schlüssel. »Die Objekte, bitte schön«, sagte er.

Der uniformierte Mann ging mit dem Schlüssel zu einem in der Seitenwand eingelassenen Schrank, den er unter Anwendung einer Geheimzahl öffnete. Man sah in dem Schrank an Bügeln aufgehängt einen zimmetbraunen Anzug und eine Dragoneruniform. Der Diener nahm einige in Tuch gewickelte Gegenstände heraus und legte sie dann vor dem Kriminalrat auf den Tisch.

»Ich rufe«, sagte der, »Frau Helene Guttier.«

Die Madame erhob sich mit einer für ihr Gewicht erstaunlichen Lebhaftigkeit. Mit schwanenhafter Grandezza rauschte sie dem Podium zu und begann schon im Gehen zu sprechen: »Wie ich am Samstagabend gehört habe, daß da droben ein Mann betrunken war, und wie ich die Treppe raufkam und die Tür aufmachte –«

»Wollen Sie hier bitte«, unterbrach sie der Oberstaatsanwalt, »nur die Fragen beantworten, die Ihnen vorgelegt werden, Frau Guttier.«

»Güttjeh«, sagte die Madame mit einem empörten Schnauben.

»Sie sind«, begann Merzbecher, »die Wirtin des Hauses Kappelhof Nr. 14.«

»Pächterin«, sagte Frau Guttier.

»Sie haben am Samstagabend durch Telefonanruf die Polizei verständigt, daß sich in Ihrem Haus ein Mann befinde, den Sie für einen Verbrecher hielten. Was hat Sie zu dieser Auffassung gebracht?«

»Als ich die Treppe raufkam und die Tür aufmachte«, fing sie wieder an, »sah ich natürlich gleich, daß der Mensch sinnlos betrunken war. So etwas kann ich in meinem Etablissement nicht dulden. Sie müssen wissen, daß bei mir eine distinguierte Kundschaft verkehrt, ich habe Gäste aus den ersten Kreisen der Stadt, denen ich nicht zumuten kann –«

»Gewiß, gewiß«, sagte Merzbecher, »aber wir haben die ganze Geschichte schon im Protokoll. Was ich von Ihnen jetzt wissen möchte, ist nur das: welche präzisen Gründe haben Sie veranlaßt, den Mann für einen Verbrecher zu halten? Betrunken zu sein ist ja schließlich noch kein Verbrechen.«

Wieder ließ Madame Guttier ein empörtes Schnauben heraus. Man merkte, wie schwer es ihr fiel, sich die Erzählung ihrer Geschichte zu verkneifen. Der Mann habe, sagte sie dann in beleidigtem Tonfall, verdächtige Reden geführt, aber das wisse das Gericht ja schon. Dann habe er mit gebündelten Banknoten um sich geworfen – sie habe gesehen, daß es hohe Geldscheine in einer fremden Währung waren –, die er nicht in einer Brieftasche, sondern in seinem Rockfutter eingenäht trug. So was tue kein Mensch, der sein Geld auf ehrliche Weise verdiene. Zum Schluß aber sei ihm eine Pistole aus der Hosentasche gefallen. Das sei ihr dann doch zu viel gewesen. Sie habe geglaubt, mit ihrem Anruf der Polizei einen Dienst erwiesen zu haben.

»Gewiß, gewiß«, sagte Merzbecher, dabei enthüllte er vorsichtig einen der eingewickelten Gegenstände und hielt ihn mit dem Zipfel des Tuchs in die Höhe. »War das die Pistole?« fragte er die Madame.

»Ganz sicher«, sagte Frau Guttier, »die ist ja unverkennbar.«

»Allerdings«, sagte Merzbecher, zu den anderen Herren gewandt, »es ist ein sehr seltenes Stück, wie man es kaum bei gewöhnlichen Verbrechern findet, man könnte sagen, eher eine

Damenpistole. Auf dem Kolben ist, unter allerlei ziselierten Arabesken, ein M eingraviert. ich möchte hier einfügen, daß wir in einem andren Teil des Rockfutters ein kostbares Schmuckstück gefunden haben, das in der Mitte, in diamantengefaßten Rubinen, ebenfalls ein großes M trägt. Weiterhin ist auf dem silbernen Handgriff der Waffe, mit der Ferdinand Bäumler ermordet wurde, das gleiche, in der gleichen Schrift eingravierte M zu sehn. Das ist wohl kaum mit Zufall zu erklären und dürfte für die Aufhellung der Zusammenhänge von Bedeutung sein. Möchten Sie etwas sagen«, fragte er Jeanmarie, der sich nervös geräuspert hatte.

»Nein«, antwortete der, er habe nur ein Husten unterdrückt.

Dr. Merzbecher wandte sich wieder an Madame Guttier. »Sind Sie imstande«, fragte er sie, »diesen Mann einwandfrei wiederzuerkennen, wenn er Ihnen vorgeführt wird?«

»Selbstverständlich«, sagte sie spitz, »ich erkenne jeden meiner Gäste wieder.«

»So, so«, sagte Merzbecher, »dann darf ich Sie bitten, sich vorläufig auf Ihren Platz zurückzubegeben. Gerichtsdiener, holen Sie den Verhafteten.«

Keiner regte sich, als der Uniformierte zur Gangtür schritt, nur Jeanmarie räusperte sich nochmals nervös. Man hatte wohl den Verhafteten schon draußen in Bereitschaft gehalten, denn er betrat sofort, in Begleitung eines weiteren Polizisten, den Saal. Seine Hände waren nicht gefesselt, und er hielt seine rechte Hand krampfhaft unter dem Rock des ausgebleichten Anstaltsanzugs aus Drillich oder Rupfen verborgen, in den man mittellose Untersuchungshäftlinge zu kleiden pflegte. Nur als er der Offiziere ansichtig wurde, nahm er beide Hände zu einer Ehrenbezeigung an die Hosennaht, die ungeschickt und etwas komisch ausfiel, da er weite, schlappende Strohpantoffeln an den Füßen trug. Dann steckte er die rechte Hand sofort wieder unter den Rock, der keine Taschen hatte.

Breitschultrig und ungelenk, mit den gewohnheitsmäßig etwas gespreizten Beinen des altgedienten Kavalleristen, blieb er an der Seite des Podiums stehn, den Blick zu Boden gesenkt. Sein

48

gutes, festes Bauerngesicht mit den abstehenden Ohren war ziemlich grün, die Augen umschattet.

»Der Mann«, sagte Dr. Merzbecher zu den Umsitzenden, »hat bis jetzt keinerlei Aussage gemacht, das heißt, er wäre kaum dazu imstande gewesen. Der Gerichtsarzt hat bei seiner Einlieferung eine Art von akuter Alkoholvergiftung festgestellt, wie sie bei Leuten vorkommt, die nichts oder wenig zu trinken gewohnt sind und sich einem plötzlichen alkoholischen Exzeß hingeben. Er soll schon nicht ganz nüchtern im Hause Kappelhof Nr. 14 angekommen sein und hat dort, bekanntlich, in sinnlosem Tempo einige Flaschen eines besonders schweren und besonders unbekömmlichen Weines geleert« (ein empörter Schnaubton vom Sitz der Madame Guttier brachte ihn nicht aus dem Text), »so daß er sich in einem Betäubungszustand befand, aus dem ihn künstlich aufzuwecken wohl wenig Sinn gehabt hätte. Dieser Zustand hat den ganzen gestrigen Tag hindurch angehalten, jetzt ist er nach Meinung des Arztes wieder einigermaßen normal. Aber als man ihn nach seinem Erwachen mit der Leiche des Ermordeten konfrontiert hat, erlitt er einen völligen Nervenzusammenbruch, der sich in stundenlangem Zittern und in Weinkrämpfen äußerte, wir glaubten sogar zeitweilig, daß er die Sprache verloren habe.«

Der Mann, von dem er redete, stand unterdessen unbeweglich und scheinbar teilnahmslos dabei, den Blick auf den Fußboden geheftet.

»Ich bitte nun«, sagte der Kriminalrat, »die Herren vom sechsten Dragoner-Regiment –«

In diesem Augenblick geschah etwas Schreckliches. Die Bäumlern hatte nämlich während der erklärenden Worte des Kriminalrats allmählich ihren vorher noch immer tiefgebeugten Kopf gehoben und mit aufgerissenen Augen den Häftling angestarrt, der bisher nicht zu ihr hingeschaut hatte. Jetzt sprang sie plötzlich auf, am ganzen Leibe zitternd, und beide Arme in einer exaltierten, krampfigen Weise hochgereckt, mit weit gespreizten Fingern, wie es bei Sektierern im Zustand der Ekstase oder auch bei Epileptikern vorkommt, schrie sie mit überspannender

Stimme aus speichelspritzendem, fast schäumendem Mund: »*Der hat's getan!*«

Sie warf ihren rechten Arm mit ausgestrecktem Zeigefinger nach vorn, als wolle sie ihn dem Angeschrienen ins Gesicht bohren: »Der hat's getan!« wiederholte sie keuchend. Der Mann hatte den Kopf gehoben und starrte sie aus angstvollen, verzweifelten Augen an, wobei seine kräftige Gestalt zu schwanken begann, so daß der neben ihm postierte Polizist ihn am Arm packte. »Der hat's getan«, sagte die Bäumlern zum drittenmal mit einem hohlen, tauben Stimmklang und ließ sich erschöpft, schwer atmend, auf ihren Stuhl zurückfallen.

Jeanmarie hatte unwillkürlich nach ihr gegriffen, als wollte er die Hand vor ihren Mund pressen, und hielt jetzt, vielleicht ohne es zu wissen, ihre Schultern gefaßt, wie wenn er sie auf dem Stuhl zurückhalten müßte. Panezza hatte seine Stirn in die Hand gestützt.

»Frau Bäumler«, sagte der Kriminalrat nach einigen Augenblicken eines gelähmten Schweigens, »das ist eine furchtbare Beschuldigung. Es handelt sich, soviel wir wissen, um Ihren anderen Sohn, den Bruder des Ermordeten. Haben Sie irgendeinen – Grund, oder Beweis – für Ihre Anklage?«

Die Bäumlern saß still und sprach jetzt mit ihrer gewöhnlichen Stimme, leise, doch in festem Tonfall und mit einem fast verächtlichen Ausdruck. »Der kann ja nicht schwören«, sagte sie. »Der hat keinen Schwurfinger. Der ist schon so auf die Welt gekommen.«

»Sonst«, sagte Merzbecher, und fuhr sich mit seinem Taschentuch über die feucht gewordene Stirn, »sonst haben Sie nichts gegen ihn vorzubringen?«

»Der kann ja nicht schwören«, sagte die Bäumlern wieder, mit einer dumpfen Störrigkeit, »führt ihn doch da hinein, zu meinem Ferdinand, dann fangen seine Wunden an zu bluten.«

Der Verhaftete hatte aufgehört zu wanken, er sagte nichts, schaute nur immer zu der Bäumlern hin, während Tränen lautlos über sein Gesicht liefen.

»Es handelt sich hier offenbar«, knarrte die Holzstimme des

50

Oberstaatsanwalts, »um völlig unsachliche, um nicht zu sagen hysterische Äußerungen, die uns nicht weiterbringen. Ich ordne an, die Frau zu entfernen, da sie den sachgemäßen Ablauf der Untersuchung stört.« Dabei gab er den Polizisten einen Wink, die zögernd auf sie zutraten. Sie aber klammerte sich mit beiden Händen und einem bösen, verstockten Wutausdruck im Gesicht an ihren Stuhl.

»Ich bitte den Herrn Oberstaatsanwalt«, sagte Dr. Merzbecher sehr eindringlich, »diese Anordnung zurücknehmen zu wollen, es ist durchaus möglich, daß wir die Aussagen der Frau Bäumler noch brauchen, wie immer auch ihr Wert einzuschätzen ist, und ich glaube, sie dürfte sich jetzt ruhig verhalten.«

Der Oberstaatsanwalt zuckte die Schultern und machte eine ärgerliche nachgebende Handbewegung, woraufhin die Polizisten sich erleichtert wieder zurückzogen.

»Seien Sie überzeugt, Frau Bäumler«, sagte der Kriminalrat, »daß hier alles genau untersucht und der Gerechtigkeit Genüge geschehen wird. Wenn wir etwas von Ihnen wissen möchten, werden wir Sie dann aufrufen.«

Die Bäumlern nahm ihre Hände vom Stuhl weg und legte sie in ihren Schoß, ihr böser Blick haftete unverwandt auf dem Gesicht des immer noch lautlos weinenden Mannes.

»Ich bitte jetzt«, hob Merzbecher nach einem schweren Atemzug wieder an, »die Herren vom sechsten Dragoner-Regiment, Herrn Rittmeister Graf Riedesel in Vertretung des Kommandeurs, Herrn Leutnant Panezza als Führer des ersten Zugs der dritten Schwadron, und den in der dritten Schwadron geschäftsführenden Wachtmeister Gensert, sich den Verhafteten genau anzuschaun und zu erklären, ob er ihnen bekannt ist.«

Die Aufgerufenen hatten sich erhoben und waren ein wenig nach vorne getreten.

»Als Regimentsadjutant«, begann der Rittmeister, »kenne ich natürlich nicht alle bei der Truppe stehenden Leute persönlich. Aber ich bin ziemlich sicher, daß es sich hier um einen bei der dritten Schwadron dienenden Dragoner handelt, an dessen

Gesicht ich mich von Löhnungsappellen, Paraden und Regimentsübungen her ganz gut erinnern kann.«

»Danke, Herr Rittmeister«, sagte Merzbecher und wandte sich an Jeanmarie.

»Ich kann mit absoluter Sicherheit bezeugen«, sagte dieser rasch und mit einem mitleidigen, fast liebevollen Blick in die Augen des Vorgeführten, »daß es sich um den Dragoner Clemens Bäumler handelt, der bei mir im ersten Zug der dritten Schwadron steht. Ich kenne ihn außerdem von Kind auf und möchte sagen...«

»Danke, Herr Leutnant«, unterbrach Merzbecher, »ich werde Sie dann um nähere Auskünfte bitten. Wachtmeister Gensert«, fuhr er fort, »kennen Sie den Mann?«

Der Wachtmeister klappte die Hacken zusammen, daß die Absätze knallten und die Sporen klirrten. »Jawohl, Herr Kriminalrat«, sagte er laut, »es ist der Dragoner Bäumler, seit zweieinhalb Jahren aktiv in der dritten Schwadron. Der Mann ist in seiner ganzen Dienstzeit nicht ein einziges Mal aufgefallen.«

Clemens Bäumler errötete bei diesem Lob, dem höchsten, das in den Kategorien des Kasernenhofs gespendet werden konnte. Seine Tränen waren versiegt, sein Gesicht hatte sich seit der Konfrontation mit seinen militärischen Vorgesetzten beruhigt und gefestigt. »Ich danke Ihnen, Herr Wachtmeister«, sagte Merzbecher. »Nun möchte ich den Herren noch die Frage vorlegen, ob ihnen an dem Mann irgendwelche besonderen Kennzeichen aufgefallen sind, die ihn im Zweifelsfall einwandfrei als den besagten Clemens Bäumler identifizieren würden.«

»Jawohl«, antwortete der Wachtmeister prompt, »rechter Zeigefinger durch Geburtsfehler verkrüppelt. Der Mann war deshalb zunächst mehrere Jahre vom Militärdienst zurückgestellt und wurde erst auf wiederholte freiwillige Meldung hin genommen, nachdem befunden worden war, daß er überhaupt Linkshänder ist und die zur Bedienung des Karabiners und der Reiterpistole notwendige Krümmung des Zeigefingers mit der linken Hand einwandfrei ausführen kann. Säbel und Lanze bedient er vorschriftsmäßig mit der rechten.«

Jeanmarie nickte nur bestätigend zu dieser ausführlichen und korrekten Auskunft.

»Bitte«, sagte der Kriminalrat nicht ohne Freundlichkeit zu Bäumler, »zeigen Sie uns Ihre rechte Hand.«

Mit zusammengepreßten Lippen und verlegenem Gesicht nahm der Aufgeforderte die Hand aus dem Rock, in dem er sie bisher verborgen hatte, und hob sie in halber Höhe vor seine Brust. Anstelle des rechten Zeigefingers befand sich nur ein kleiner, mit dem Knöchel verwachsener Höcker.

»Danke«, sagte Merzbecher, woraufhin Bäumler sofort seine Hand wieder verschwinden ließ, als ob er sich ihrer schäme. Vom Sitz der Bäumlern kam ein leises, höhnisches Lachen.

»Sie hatten sich angewöhnt«, sagte Merzbecher zu Bäumler, »in und außer Dienst immer Ihre Monturhandschuhe zu tragen?« Bäumler nickte kurz. Merzbecher griff hinter sich und nahm ein kleines Päckchen vom Tisch, das er auswickelte. Es enthielt ein Paar weiße Zwirnhandschuhe, an deren rechtem ein fest ausgestopfter Zeigefinger auffiel. »Sind das Ihre Handschuhe?« fragte er. Bäumler nickte. »Ich danke den Herren vom sechsten Dragoner-Regiment für ihre Aussage und bitte Sie, jetzt wieder Platz zu nehmen«, sagte Merzbecher. »Sollten Herr Rittmeister und Wachtmeister es eilig haben, so brauche ich Sie nicht mehr«, ergänzte er sich, aber keiner der beiden verließ den Saal. Merzbecher wandte sich an einen der Polizisten. »Holen Sie dem Clemens Bäumler einen Stuhl«, sagte er. Der setzte sich mit einem dankbaren Blick.

Er habe nun, sagte der Kriminalrat, der stehengeblieben war, noch eine ergänzende Identifikation vorzunehmen, und winkte den beiden Frauen, die von den anderen abgesondert im Hintergrund saßen. Frau Guttier rauschte wie zu einem großen Auftritt nach vorn, während das Mädchen scheu und zögernd folgte. »Kennen Sie den Mann?« fragte Merzbecher die Madame, im Tonfall einer eigentlich überflüssigen Routine-Frage.

»Natürlich«, sagte Frau Guttier, »und die Sache mit den Handschuhen ist mir sofort aufgefallen, ich wußte gleich...«

»Danke!« sagte Merzbecher drohend, »wir haben das alles

im Protokoll.« Dann wandte er sich an das Mädchen, das kaum aufzuschauen wagte. »Sie heißen?«

»Suzanne Ripflin«, sagte das Mädchen leise, mit französischer Aussprache der Endsilbe.

»Sie stammen aus Bicheweiler bei Forbach in Elsaß-Lothringen, waren in Straßburg als Dienstmädchen beschäftigt, haben Ihre Stelle wegen einer unterbrochenen Schwangerschaft verloren und sind jetzt unter dem Namen Rosa im Hause Kappelhof Nr. 14?«, las Merzbecher von einem Aktenblatt, das er vom Tisch aufgenommen hatte. Das Mädchen nickte bestätigend. »Sie haben am Samstagabend den Besuch des hier anwesenden Mannes empfangen – um welche Zeit?«

»Ich weiß nicht genau«, sagte die Rosa, »ich trage bei der Arbeit keine Uhr.«

»Können Sie es nicht ungefähr sagen?«

»Es war mein erster Besuch an diesem Abend. Es kann noch nicht spät gewesen sein, aber es war schon dunkel draußen.«

»Haben Sie den Mann vorher gekannt? War er schon früher bei Ihnen gewesen?«

»Aber nein«, fuhr Madame Guttier dazwischen, »er ist am Samstag zum erstenmal...«

»Wollen Sie bitte«, sagte Merzbecher mit ungewohnter Strenge, »nicht reden, wenn Sie nicht gefragt sind. Ich wiederhole«, wandte er sich an das Mädchen, »haben Sie den Mann vorher gekannt?«

»Nein«, sagte die Rosa leise.

»Sie hatten ihn bestimmt noch nie gesehen? Sie standen in keinerlei Beziehungen zu ihm?«

»Nein«, sagte die Rosa wieder, diesmal etwas lauter und ziemlich fest.

»Warum haben Sie dann«, fragte Merzbecher rasch, »nach Aussage der Frau Guttier, versucht, ihr den Schlüssel zu entwinden, mit dem sie den Mann, als er ihr verdächtig wurde, einschließen wollte? Was haben Sie mit dieser Handlung bezweckt?« Er sah Rosa scharf an, die über und über errötete. »Antworten Sie, bitte.«

»Er hat mir leid getan«, sagte Rosa mit kaum hörbarer Stimme, nachdem sie mehrmals geschluckt hatte.

»Ist das alles?« fragte Merzbecher. – Rosa antwortete nicht mehr. »Sie haben sonst nichts auszusagen, auch wenn wir Sie unter Eid nehmen?«

»Nichts«, sagte Rosa, und wagte plötzlich einen Blick zu dem wie unbeteiligt auf seinem Stuhl sitzenden Bäumler hin, den anzuschauen sie bisher vermieden hatte. Auch der Kriminalrat schaute ihn jetzt an.

»Bäumler«, sagte er, »haben Sie die Suzanne Ripflin gekannt, bevor Sie am Samstagabend das Haus Nr. 14 in der Kappelhofgasse betreten haben?«

Der Befragte sah ihn an, als ob er nicht verstanden habe oder in seinen Gedanken mit etwas völlig anderem beschäftigt sei.

»Schauen Sie sie an«, sagte der Kriminalrat, »das ist doch das Mädchen, bei dem Sie die Abendstunden des vorgestrigen Samstag verbracht haben?«

Bäumler wandte sein Gesicht der Rosa zu. Seine Augen blieben auf ihr haften und zeigten zunächst keine Veränderung und keinen Ausdruck des Erkennens. Dann aber schien etwas in seinem Blick zu dämmern. »Ich glaube«, sagte er und begann leicht zu erröten, »aber sie sah anders aus.« Auch Rosa errötete wieder, während sie ihn anschaute, und es war für eine Sekunde, als sei um die beiden ein Kreis gezogen, in dem sie ganz allein waren und sich zum erstenmal erblickten.

»Sie haben sie vorher nie gesehen?« fragte der Kriminalbeamte noch einmal.

»Nein«, sagte Bäumler, ohne seinen erstaunten und warmen Blick von dem Mädchen wegzunehmen.

»Dann habe ich an Sie keine weiteren Fragen mehr«, sagte Merzbecher und bedeutete den beiden Frauen mit einer Handbewegung, auf ihre Plätze zurückzukehren.

»Ich rufe Herrn Adelbert Panezza«, sagte er dann, nachdem er sich wieder gesetzt hatte, »und bitte um eine knappe, zusammenfassende Aussage über die Familienverhältnisse der Familie Bäumler sowie über die Lebensumstände, unter denen die beiden Brüder Clemens und Ferdinand Bäumler aufgewachsen sind.«

Panezza schien diese Aufforderung erwartet zu haben. Er erhob sich und begann in fließender Rede, gleichsam vorbereitet, zu sprechen. Als er anfing, schlug die Uhr von der nahen Peterskirche zehn. ›Jetzt‹, ging es Panezza durch den Kopf, ›würde ich in der Ludwigstraße vorfahren, um Katharina abzuholen...‹ Um elf Uhr elf Minuten elf Sekunden sollte ja der Fastnachtszug nach vorheriger Aufstellung vom nahen Schloßplatz aus abmarschieren... Diese Zeitzahl, 11 h 11' 11", bohrte sich mit der Hartnäckigkeit eines tickenden Uhrwerks unablässig in seine Gedanken hinein, während er redete, so daß er sich alle Mühe geben mußte, sie nicht plötzlich mitten in seiner Rede laut auszusprechen.

Panezzas Aussage war sachlich und klar und brachte keinerlei überraschende Momente. Natürlich kenne er die Therese Bäumler und ihre Familie von Jugend auf, da er ja selbst auf Gut Keddrichsbach groß geworden sei. Frau Bäumler sei einige Jahre jünger als er, aber er habe sie bei der Kleinheit des Dorfs schon von der Kirche und anderen Anlässen her flüchtig gekannt, als sie noch, mit ihrem Mädchennamen, Therese Seyffritz hieß. Ihr Vater sei Taglöhner gewesen, die Mutter Waschfrau, beide seien früh gestorben und hätten nichts hinterlassen. Die Therese sei dann – soviel er wisse – als sehr junges Mädchen schon mit dem Bäumler gegangen, also verlobt gewesen, der – Panezza zögerte ein wenig – auch eine Art Gelegenheitsarbeiter war, aber kein besonders – erfolgreicher...

Hier unterbrach die Bäumlern, indem sie mit ruhiger, ganz normaler Stimme sagte: »Er hat gesoffen.« Nur daran merkte man, daß sie den Ausführungen Panezzas überhaupt zuhörte. Ihr Blick haftete ununterbrochen mit dem gleichen Ausdruck von Haß und Verachtung auf dem Gesicht des Verhafteten, der still und mit niedergeschlagenen Augen auf seinem Stuhl saß.

Ihr älterer Sohn Clemens, fuhr Panezza fort, sei vorehelich geboren worden, kurz bevor sein eigener Sohn, Jeanmarie, auf die Welt kam. Da seine Frau durch Krankheit verhindert war,

56

das Kind selbst zu stillen, habe man damals die junge und kerngesunde Therese als Amme ins Haus genommen. Als diese dann später ihr zweites Kind erwartete, habe er selbst, Panezza, den Bäumler veranlaßt, sie nun zu heiraten, und auch etwas für die Begründung dieses Ehestands getan. Dieses zweite Kind, schon in der Bäumlerschen Ehe geboren, war dann der Ferdinand – derselbe, der nebenan in der Totenkammer lag. Als nach einigen Jahren der Bäumler auf dem Rangierbahnhof, auf dem er mit Verladearbeiten beschäftigt war, tödlich verunglückte, habe Panezza als einheimischer Gutsherr und Armenpfleger sich der Familie ein wenig angenommen und dann und wann in Notlagen ausgeholfen. Noch heute werde die Witwe Bäumler in seinem Haus beschäftigt, sobald es irgendwie zusätzliche Arbeit zu verrichten gebe. Das wäre wohl alles.

»Darf ich«, sagte Dr. Merzbecher nach dem üblichen Dank für Panezzas Aussage, »Ihnen noch eine kurze Frage vorlegen, die Ihnen vielleicht sonderbar vorkommen wird, deren Beantwortung für die Untersuchungskommission jedoch von einer gewissen Bedeutung ist. Haben Sie nicht eigentlich ein Adelsprädikat?«

»Ja«, sagte Panezza und ließ ein kurzes, verlegenes Lachen hören, »das ist so, mein Großvater hatte im Hofdienst den erblichen Adel erworben und nannte sich von, oder auf Reisen de Panezza. Mein Vater aber war als sehr junger Mensch Achtundvierziger und sein Leben lang ein überzeugter Demokrat, daher machte er keinen Gebrauch von dem Titel und so ist das dann geblieben. Darf ich fragen, was dies mit der vorgehenden Untersuchung zu tun hat?«

Er werde sich erlauben, etwas später darauf zurückzukommen, sagte Dr. Merzbecher – möchte jetzt zunächst den Leutnant Jeanmarie de Panezza (es war nicht klar, ob er ihn mit Absicht oder versehentlich so nannte) bitten, gleichfalls in möglichst knapper, zusammenfassender Art etwas über die Jugend und den Charakter der beiden Brüder Bäumler auszusagen.

»Da Clemens etwas älter war als ich«, begann Jeanmarie, »und Ferdinand ein Jahr jünger, gingen wir alle gemeinsam in die Keddricher Dorfschule, weil mein Vater Wert darauf legte, daß ich die Volksschulzeit wie die anderen Kinder dort auf dem Land durchmachen sollte. In diesen Kinderjahren, schon vor der Volksschule und bis ich dann aufs Gymnasium kam, war ich mit beiden Brüdern sehr befreundet und spielte viel mit ihnen. Besonders der Ferdinand kam oft zu uns ins Haus. Mit dem Clemens aber«, sagte er mit einem warmen Blick zu dem Verhafteten, der an seinen Lippen hing, »war ich besser befreundet.«

»Warum?« warf Merzbecher ein.

»Ich mochte ihn halt besonders gern«, sagte Jeanmarie, »und wir waren ja sozusagen Milchbrüder.«

Es sah aus, als ob der Verhaftete mit den Tränen kämpfe, dann schaute er wieder auf den Boden.

»Später«, fuhr Jeanmarie fort, »verlor ich den Clemens etwas aus dem Gesicht, denn er blieb in der Dorfschule, während Ferdinand in Mainz die Realschule besuchte. Wir benutzten denselben Schulzug nach Mainz-Kastel und gingen dann noch zusammen über die Straßenbrücke, von dort aus hatten wir verschiedene Schulwege.«

»Einen Augenblick bitte«, unterbrach Dr. Merzbecher, »der Ferdinand besuchte also die Realschule, während Clemens weiter auf die Dorfschule ging. Hatte das einen besonderen Grund?«

»Darf ich das vielleicht beantworten«, sagte Panezza, »Frau Bäumler hätte für die Realschule das Schulgeld nicht zahlen können, ich habe es für ihren Sohn Ferdinand gezahlt.«

»Weshalb für den, und nicht für Clemens?« fragte Merzbecher.

»Weil Ferdinand zweifellos der intelligentere war«, sagte Panezza. »Der Clemens war immer sehr brav«, fügte er rasch hinzu, »aber weniger lernbegabt. Er nahm dann auch gleich nach Absolvierung der Dorfschule Arbeit in unserem Sägewerk und unterstützte, soviel ich weiß, fortgesetzt seine Mutter.«

»Können Sie sonst«, wandte der Kriminalrat sich wieder an Jeanmarie, »etwas über die Charaktere, oder vielleicht die Charakterunterschiede, der beiden Brüder sagen?«

»Der Ferdinand«, begann Jeanmarie nach einem kurzen

Nachdenken, »war ein besonders lebhafter, man könnte sagen, phantasievoller Bub. Schon beim Spielen hatte er immer die besten Ideen. Aber er neigte auch von Kind auf zu einem gewissen Leichtsinn, nahm es nicht so genau mit der Wahrheit, schwänzte manchmal die Schule, was aber nicht weiter ins Gewicht fiel, da er ungewöhnlich leicht lernte und überhaupt sehr beliebt war, das heißt« – fügte er mit einem scheuen Blick auf die Bäumlern hinzu, die jetzt lautlose Kaubewegungen machte –, »mehr bei den Lehrern als bei den Mitschülern.«

»Mit besonderen Gründen?« warf Merzbecher ein.

»Er war nicht feige oder schwächlich«, sagte Jeanmarie zögernd, »aber nie sehr stark, und auch nicht besonders mutig, eher manchmal tollkühn. Er hatte etwas an sich – ich kann es schwer ausdrücken –, was die anderen reizte, entweder waren sie ihm verfallen und taten alles, was er wollte, oder sie haßten ihn. Manchmal fielen sie haufenweise über ihn her – ganz ohne besonderen Anlaß – und verprügelten ihn. Aber wenn das passierte, oder wenn ein Stärkerer ihn auf den Schulhof boxte, dann hat ihn der Clemens immer herausgehauen. Er war ja auch ein bißchen älter, und ich glaube, daß er den Ferdinand abgöttisch geliebt hat. Der Clemens war immer gutmütig, aber furchtbar stark, und wenn einer seinem Bruder was tat oder ihm nur etwas nachsagte, dann wurde er wild. Und wenn er wild wurde...« – er brach ab, als habe er zuviel gesagt, vielleicht schon etwas, was den Verdächtigen belasten könne.

»Wie vollzog sich dann«, fragte der Kriminalrat, »der weitere Werdegang des Ferdinand, ich meine, bis zu seiner Flucht in die Legion?«

Jeanmarie warf einen kurzen Blick auf Panezza. »Vielleicht«, sagte er, »kann mein Vater das besser beantworten, weil er ja für seine Ausbildung sorgte. Ich absolvierte das Gymnasium, machte dann einige Reisen und trat als Avantageur bei den sechsten Dragonern ein, so daß ich von den beiden Brüdern nicht mehr viel sah – bis dann der Clemens meiner Schwadron zugeteilt wurde.«

»Nachdem er mit sehr guten Zeugnissen durch die Realschule

gekommen war«, berichtete Panezza, »habe ich den Ferdinand als Lehrling auf dem Büro eines befreundeten Weinhändlers in Mainz untergebracht. Er sollte Kaufmann werden, ich dachte, er hätte das Zeug dazu. Soviel ich weiß, machte er gute Fortschritte und war dort recht beliebt – allerdings kamen auch Klagen, und zwar mit der Zeit recht häufig, wegen Leichtsinns und Weibergeschichten. Er schien eine Neigung zu haben, vor den Mädchen oder anderen jungen Leuten aufzuschneiden und den großen Herrn zu spielen – so kam es wohl dazu, daß er Schulden machte, nicht nur in Wirtschaften, sondern vermutlich auch bei einem Wucherer, der ihn dann in die Zange nahm. Eines Tages stellte sich heraus, daß in der Kasse der Weinhandlung gewisse Beträge fehlten – ich glaube kaum, daß es sich um sehr beträchtliche Summen gehandelt hat – und daß in den Büchern, mit deren Führung der junge Bäumler beauftragt war, die entsprechenden Eintragungen gefälscht waren. Es kam noch hinzu, daß er versuchte, einen anderen Angestellten zu belasten und durch einen Meineid seine eigne Unschuld zu beteuern. So erstattete sein Chef Strafanzeige. Am selben Tag war Ferdinand Bäumler verschwunden. Man hörte erst wieder von ihm, als er seiner Mutter von Marseille aus eine Postkarte schrieb. Von dort und von seinen verschiedenen Dienstorten in Afrika bekam Frau Bäumler dann manchmal eine weitere Nachricht. Zuletzt kam die schon erwähnte Mitteilung von seinem Tod – vor ungefähr einem Jahr. Mehr weiß ich nicht.«

»Vielen Dank«, sagte Dr. Merzbecher. »Ich habe jetzt noch eine Frage an den Herrn Leutnant. In der Tasche des Anzugs, in dem am Samstag der Clemens Bäumler verhaftet wurde, fanden sich einige gedruckte Visitenkarten, auf denen Ihr Name, allerdings *ohne* den Offiziersrang und *mit* dem Adelsprädikat, also: ›*Jeanmarie de Panezza*‹ steht. Haben Sie dafür vielleicht irgendeine Erklärung?« Jeanmarie stand einen Augenblick wie erstarrt und schaute ratlos zu dem still und fast unbeteiligt vor sich hinsehenden Clemens Bäumler hin. Panezza hatte sich mit gespanntem Ausdruck vorgebeugt. Die Bäumlern schien nicht mehr zuzuhören, murmelte leise und unverständlich.

»Das ist mir vollständig rätselhaft«, sagte Jeanmarie, fuhr aber dann plötzlich zusammen wie von einem Schreck.

»Ist Ihnen doch etwas eingefallen?« fragte Merzbecher, der ihn genau im Auge behielt.

»Nein«, sagte Jeanmarie, »allerdings, der Anzug gehörte ja wohl gar nicht dem Clemens Bäumler...«

»Natürlich nicht«, sagte Merzbecher. »Es ist anzunehmen, daß er dem Ferdinand gehörte.«

Jeanmarie schüttelte den Kopf. »Ich habe gar keine Erklärung«, sagte er dann, »ich habe nie solche Visitenkarten besessen. Ich verstehe das alles nicht.«

»Wir leider auch noch nicht«, sagte der Kriminalrat. »Aber ich hoffe, daß Clemens Bäumler uns einige Aufklärungen geben wird.« Er schaute Clemens an, der immer noch wie unbeteiligt vor sich hin sah und den Blick seiner Mutter vermied.

»Ich rufe den verhafteten Clemens Bäumler«, sagte Merzbecher.

»Den wegen Mordverdachts verhafteten Clemens Bäumler«, knarrte die Stimme des Oberstaatsanwalts dazwischen.

»Ich bitte, die Formulierung der Anrufe mir zu überlassen«, sagte der Kriminalrat.

»Es ist meine Pflicht als Oberstaatsanwalt«, erwiderte Dr. Classen, »auf der Exaktheit der jeweiligen Benennung zu bestehen, soweit sie mit der Jurisdiktion zu tun hat.«

Hier erhob sich der junge Rechtsanwalt, der bisher ziemlich überflüssig dabei gesessen hatte, bat den Oberstaatsanwalt ums Wort und erklärte dem stumpf dreinschauenden Clemens, daß er für ihn als einen des Mordes Verdächtigen zum Offizialverteidiger bestimmt worden sei. In dieser Eigenschaft müsse er ihn darauf aufmerksam machen, daß er nicht verpflichtet sei, irgendwelche Aussagen zu machen, die im Verlauf des Prozesses zu seiner Belastung gegen ihn benutzt werden könnten.

Clemens antwortete nicht und schaute verständnislos vor sich hin – es war, als sei er in tiefes Nachdenken versunken.

»Danke, Herr Levisohn«, sagte der Oberstaatsanwalt Classen mit einer merkwürdigen Betonung.

»Dr. Levisohn«, sagte der junge Anwalt.

»Danke, Herr Doktor Levisohn«, wiederholte Classen, wobei er den Namen noch ausgeprägter betonte.

»Herr Doktor genügt«, sagte Levisohn, der erblaßt war.

»Das haben nicht Sie zu bestimmen«, fuhr Classen ihn an.

»Zur Sache, meine Herren«, mahnte Dr. Merzbecher und warf dem Oberstaatsanwalt einen unwilligen, fast verächtlichen Blick zu.

»Dragoner Clemens Bäumler«, sagte er dann. »Sind Sie zu einer Aussage bereit?«

Langsam und schwer erhob sich Clemens von seinem Stuhl.

»Jawohl«, sagte er, und blickte in Richtung seines Wachtmeisters. Dem Kriminalrat entfuhr ein Seufzer der Erleichterung.

»Es kann nur zu Ihrem Besten sein«, sagte er, »wenn Sie hier eine möglichst vollständige, unverhohlene Aussage machen.«

»Jawohl«, sagte Clemens wieder, und schwieg.

»Vielleicht wird es Ihnen leichter«, sagte Merzbecher, »wenn ich Ihnen einige Fragen stelle.«

»Jawohl«, antwortete Clemens zum drittenmal und schien jetzt plötzlich, als habe er den Soldaten in sich zur Verantwortung gerufen, von einer stillen und aufmerksamen Gefaßtheit zu sein.

»Wann und wo«, begann Dr. Merzbecher, »haben Sie Ihren Bruder Ferdinand zum letztenmal lebend gesehen?«

»Im ›Rote Kopp‹«, antwortete Clemens ohne Zögern, »am Samstagabend zwischen fünf und sechs.«

Der ›Rote Kopp‹ war, wie jeder der Anwesenden wußte, eine populäre Wirtschaft in der Mainzer Altstadt.

»So«, sagte Merzbecher und nickte gedankenvoll. »Im ›Rote Kopp‹. Habt ihr euch dort öfters getroffen?«

»Nein«, sagte Clemens, »er war ja nicht da. Er war ja – ich habe ihn ja für tot gehalten...« (Er schluckte plötzlich, nahm sich aber zusammen und fuhr, ungefragt, fort.)

Vor drei Tagen – also am Freitag vor Fastnacht – habe er bei der Postverteilung einen Brief bekommen. Er habe sonst, fügte er hinzu, nie einen Brief bekommen, seit er beim Militär war, drum sei er gleich erschrocken. Der Brief war vom Ferdinand, und der Ferdinand schrieb darin, daß er noch lebe und daß er ihn sprechen müsse, er dürfe es aber keinem Menschen sagen, auch der Mutter nicht, bei seiner Räuberehre.

»Bei was?« unterbrach der Oberstaatsanwalt.

Das sei noch von früher her, erklärte Clemens schwerfällig, sie hätten zu Haus als Schinderhannes gespielt, und da hätte es eine Ehre gegeben, daß man nämlich nie etwas hätte verraten dürfen, sonst wäre man in Verschiß gekommen... (er verhaspelte sich und kam ins Stottern).

»Ja, ja«, sagte Merzbecher, »so haben wir's auch gemacht, als Buben. Das verstehen wir schon.« Was denn nun weiter in dem Brief drin gestanden habe?

»Ich soll«, sagte Clemens, »versuchen, mir Fastnachtsurlaub zu nehmen – das hatte ich aber sowieso schon getan, weil ich zur Mutter wollte...« Er schwieg betreten.

»Und?«

»Und ich soll ihn am Samstag um fünf im ›Rote Kopp‹ treffen, dort wolle er auf mich warten, falls ich erst später aus der Kasern wegkönne.«

»Sonst stand nichts in dem Brief?« fragte der Kriminalrat.

»Dein Ferdinand«, sagte Clemens.

Merzbecher wartete einen Augenblick, da er mit Recht annahm, daß Clemens von selbst weitersprechen würde.

»Ich hab dann die Nacht nicht schlafen können«, sagte Clemens, »weil ich nie gedacht hätte, daß er noch lebt.«

»Haben Sie sich nicht darüber gefreut?« fragte Merzbecher.

»Doch«, sagte Clemens, »aber ich war erschrocken.«

»Wo war der Brief abgeschickt? Von welchem Ort war er datiert?«

Diese Frage brachte Clemens in Verlegenheit – es war ganz klar, daß er es nicht wußte. Der Ferdinand hatte keinen Ort geschrieben, nur den Tag, das war der Mittwoch. Und am Freitagabend war der Brief gekommen.

Aber auf dem Umschlag müsse doch eine Briefmarke gewesen sein und ein Stempel. – Ja, eine Marke schon, eine fremdlän-

dische, und auch ein fremdländischer Stempel, der sei ver-
schmiert gewesen, und er habe auch nicht daran gedacht, ihn
genau anzugucken, denn der Ferdinand würde es ihm ja sagen,
wo er herkäme – er hätt's ihm aber dann doch nicht gesagt. Wie
er den Brief bekommen habe, da hätte er an so was gar nicht
gedacht, da war er viel zu erschrocken. Es habe aber noch was in
dem Brief drin gestanden, unten, am Rand... »Nämlich?« –
»›Vernichte diesen Brief sofort, daß ihn keiner findet.‹« – Da sei
er dann in die Latrine gegangen, habe den Brief in kleine Stückchen zerrissen und mit einem Streichholz verbrannt. – »Mitsamt
dem Couvert?« – »Mitsamt allem.« – »›Räuberehre‹«, sagte
Merzbecher seufzend, und irgend jemand ließ ein leises Lachen
heraus, das aber sofort wieder verstummte.

»Um halb fünf war der Stalldienst aus«, fuhr Clemens fort,
»und da mußte ich mich erst waschen und umziehen und abmel-
den.« Er schaute zu Wachtmeister Gensert hin, der bestätigend
nickte. »Wie ich dann in den ›Rote Kopp‹ gekommen bin, hab
ich ihn erst nicht gefunden. Aber er war schon da. Es gibt nämlich zwei Gaststuben, das Restaurant, und das Zimmer. Um die
Zeit sind dort noch nicht viele Leute, aber im Restaurant waren
doch schon ein paar, im Zimmer war niemand, aber hinten ist
dort eine Ecke, mit einer Stufe und einem Geländer und einem
Vorhang, den kann man zuziehen – drum heißt das die
›Knutsch-Ecke‹ –, es hat noch kein Licht gebrannt, und da hat er
gesessen.«

»In dem braunen Anzug?« fragte Merzbecher und wies auf
das Kleidungsstück in dem offenen Wandschrank.

»Ja, aber er hat auch noch den hellen Mantel bei sich gehabt,
und den weichen Hut.« (Auch diese Stücke hingen im Wandschrank, man hatte sie bei Clemens Bäumlers Verhaftung gefunden und mitgebracht.)

Wie sich dann nun das Weitere abgespielt habe? Zuerst, berichtete Clemens, habe der Ferdinand zu lachen angefangen, und
da habe er auch lachen müssen, und dann hat ihn der Ferdinand
wie früher in die Rippen geboxt und noch mehr gelacht, und
dann hat er gesagt: »Siehst du, Unkraut vergeht nicht.« Dann

habe der Ferdinand die Kellnerin gerufen und Bier und Schnaps bestellt, gleich zwei doppelte Asbach, und habe ihm gesagt, den solle er mal runtertrinken, das helfe über das Gemütliche hinweg – Clemens wollte wohl sagen: die Gemütsbewegung – und das mache auch Mut, und auf den Mut käm's jetzt an. Clemens merkte aber trotzdem, daß der Ferdinand Angst hatte. Er schaute immer wieder zur Tür, und öfters zum Fenster hinaus, und hielt sich hinter dem Vorhang versteckt, als ob er sich vor was fürchte.

Da hätte er dann den Schnaps ganz ausgetrunken und das Bier hinterher, und von da ab, da sei's ihm schon ein bißchen schwummerlig gewesen, und er hätte manches gar nicht sofort kapiert – erst hinterher, so langsam, da sei ihm alles aufgegangen.

Und nun erzählte Clemens, manchmal stockend und von den Fragen des Kriminalkommissars wieder in Fluß gebracht, folgende Geschichte:

»»Wenn wir Mut hätten‹, begann der Ferdinand, ›dann könnten wir jetzt unser Glück machen, alle beide. In Afrika‹, sagte er, ›war es die Hölle gewesen. So ein Legionär, das ist weniger als der letzte Dreck. Von den Offizieren verachtet, von den Unteroffizieren geschunden, von den Kameraden beklaut, oder auch Schlimmeres, das kann man gar nicht erzählen, was manche von den Alten nachts in der Baracke an einem Neuling treiben, perverse Unmenschen sind das, und wenn man schreien will, kriegt man eine aufs Maul.‹ Sein Leben lang, sagt er, wird er schwitzen, wenn er davon träumt, von den schrillen hastigen Clairons und den Kesselpauken, und dem Hufgetrappel der Spahipferde und dem ›Vite! Vite!‹ der Sergeanten, wenn sie im Laufschritt Parade machten, mittags um zwölf auf der Place d'Algérie, und die aufgeputzten Damen auf den Caféterrassen dazu in die Hände klatschten. Dem Ferdinand brach, als er das erzählte, auch wirklich der Schweiß aus, wie Angstschweiß lief's ihm aus den Haaren und von der Stirn, aber er sagte, das sei die Malaria, ›wer die mal gehabt hat, den packt das Fieber nach dem ersten Schnaps‹. Und er bestellte für jeden noch einen Doppelten.

›Später‹, fuhr er fort, ›auf Außendienst und Patrouille, da ging's einem schon ein bißchen besser‹, aber wie sie dann ins Gefecht gekommen sind, bei Wahdi Askrah, mit einem Trupp aufständischer Berber, da hat er die Nase längst voll gehabt. Beim ersten Schuß ließ er sich in den Sand fallen, und so blieb er liegen, bewegungslos, Gesicht in den vorgerutschten Tropenhelm gedrückt, so daß er grad atmen konnte, Gott sei Dank war's spät am Tag, sonst hätt er die Sonne nicht ausgehalten. Sein Bataillon hatte die angreifenden Berber zurückgeschlagen und in die Wüste hinaus verfolgt, so daß er dann plötzlich ganz allein gewesen ist, mit denen, die wirklich tot waren. Ein paar Verwundete hatten die Sanitäter weggeschleppt – aber die sich nicht mehr bewegten, die hatte man erst mal liegen lassen. ›Da hab ich mich dann gewagt‹, erzählte der Ferdinand, ›den Kopf aufzuheben, und nach meinem Kameraden Bernard auszuschauen, das war mein einziger Freund in der Legion, und mit dem hatte ich ausgemacht, daß wir's beide zugleich so machen würden, und uns dann gegenseitig helfen bei der Flucht – denn ein Mann allein, der ist schon so gut wie verloren. Der Bernard, das war ein Belgier, aus der Hafenstadt Antwerpen, und hatte in Paris bei einem Bankraub mitgemacht – mit seinem wirklichen Namen hieß er Florian –, der lag denn auch ganz in meiner Nähe, aber als ich hinkroch und ihn an der Schulter packte und ihm zuflüsterte, es sei jetzt alles klar und wir müßten rasch türmen, da regte der sich nicht, und wie ich seinen Kopf hob, sah ich, den hatte es wirklich erwischt. So ein Dum-Dum hatte ihn seitlich ins Gesicht getroffen, und die Hälfte weggerissen, er war fast nicht mehr zu kennen. Da sagte ich mir, dem armen Kerl kann ich doch nicht mehr helfen. Aber vielleicht hilft er mir! In so einem Augenblick, da denkt man rasch, oder man denkt vielleicht gar nicht, sondern tut was, von selbst, wie der Hase, wenn er den Haken schlägt, um sich zu retten. Ich hab schon gesagt, daß der bei einem Bankraub dabei war, bei dem ein Kassier erschossen wurde, sie hatten seine Komplizen geschnappt, aber er war mit seinem Anteil durchgekommen und zunächst mal bei der Legion untergetaucht. Denn mit dem Geld konnte er dazuland nichts machen, weil die Nummern der Tausendfrancs-Scheine polizeilich notiert waren. Er trug es immer in seinem Rockfutter eingenäht – zu Banken und Safes hatte er kein Vertrauen mehr... Da hab ich sein Soldbuch und seine Erkennungsmarke genommen und mit meinen vertauscht, und das Geld auch aus seinem Rockfutter, denn ihm nutzte das ja nichts mehr, und mit dem Gesicht, da hatte ich nicht viel Arbeit, das meiste hatten die Berber mit ihrem Dum-Dum getan, und dann konnte man ihn gar nicht mehr erkennen. Ich mußte das machen, so eklig mir das war – denn der eine oder andere der Legionäre hatte mich gewiß bei der ersten Salve hinstürzen sehen, und wenn sie die unkenntliche Leiche mit meinen Sachen finden und es heißt, der Bäumler ist tot, dann wird auch keine Fahndung mit dem Bäumler seinem Signalement erlassen. Wenn sie aber auf die Idee kommen, er könnte getürmt sein, dann hetzen sie die Kamelreiter und die Chausseurs hinterdrein. Denn weißt du‹, sagte der Ferdinand, ›ich steckte ja jetzt, wie man so sagt, zwischen Tod und Teufel. Wenn dich die Berber erwischen, die schneiden dir das Gemächte ab und stechen dir die Augen aus und dann lassen sie dich los und weiden sich dran, wie du dich im heißen Sand zu Tode zappelst. Und wenn die Legion dich erwischt, als Deserteur, dann geben sie dir acht Tage Salzhering und keinen Tropfen Wasser, bevor sie dich an die Wand stellen, die Prügel und Bauchtritte bei der Einlieferung nicht gerechnet. Das sind‹, sagte er, ›so Nuancen. Aber wenn man da durch ist und raus – dann weiß man, was man von seinen Mitmenschen zu erwarten hat, nämlich nichts Gutes, wenn man nicht versteht, sie dummzumachen und unterzukriegen. Du trittst, oder du wirst getreten, obwohl es manchmal fast gleich weh tut...

Dann‹, fuhr der Ferdinand fort, nachdem er ein Bier geleert hatte, ›habe ich allen Toten ihre Lebensmittelration und ihre Feldflaschen abgenommen, wir hatten kurz vorher am Brunnen des Wahdi frisch gefüllt, denn ich konnte mich natürlich an einer Oase oder Zisterne nicht sehen lassen und hatte große Angst vorm Verdursten und überhaupt vor dem Marsch durch die Wüste, ganz allein. Aber ich hatte Dusel. Am zweiten Tag traf ich auf eine kleine Karawane, zum Teil Italiener, die mit Konterbande nach Tripolis unterwegs war, das waren auch keine Menschenfreunde, aber denen war grade ein Lastträger an irgendwas gestorben, vielleicht an einem Fußtritt... so erlaubten sie mir gnädig, seine Last zu schleppen und auch seine Fußtritte und Hiebe einzustecken, wenn ich schlapp machte – aber die reisten nur nachts und auf geheimen Wegen und so kam ich glücklich heraus. Meine Legionsuniform hatte ich zwar gleich an ihrem Kamelmistfeuer verbrannt, und mit den Kleidern von dem verstorbenen Lastträger vertauscht, aber das Geld, das hatte ich in den Stiefeln, es hätte ja auch niemand so einen Schatz bei mir gesucht. Es gelang mir dann, bei irgendeinem Armenier einen der Tausender zu wechseln, natürlich mit dickem Verlust, aber jetzt hatte ich etwas Bargeld, und damit war es nicht schwer, auf ein Schiff zu kommen und den Staub Afrikas von meinen Füßen zu schütteln – für immer‹, sagte er seufzend.

Wohin er von da gefahren sei, und von wo er jetzt herkomme, und was er in der Zwischenzeit, den letzten zehn Monaten, getan hätte, das könne er ihm jetzt nicht erzählen, vielleicht später mal. Nur eins müsse er ihm sagen, es sei ein Bluthund hinter ihm her, dem gelte es noch zu entwischen, und dann sei alles gut. Von dem Bernard, dem Belgier, wisse er eine Adresse in der Hafenstadt Antwerpen, dort könnten sie auf ein Schiff nach Amerika unterkommen, zur Not auf Heuer, und wenn sie erst mal da drüben wären, dann fange das Leben an, aber nicht klein und häßlich als Tellerwäscher oder so, sondern Hui und Hopp, er habe ja, sagte er, Geld, und noch was, das könne man dort zu Gold machen, dann würden sie ein Geschäft gründen zusammen und reiche Leute werden.« – Da begriff der Clemens langsam, daß der Ferdinand ihn mitnehmen wollte – obwohl ihm zuerst alles im Kopf ganz durcheinander ging. – Vorher aber, sagte der Ferdinand, müsse er noch nach Nieder-Keddrich hinaus. – »Zur Mutter?« fragte Clemens. »Das auch«, sagte Ferdinand, »bei der muß ich mich umziehn, aber außerdem ist dort noch jemand, mit dem habe ich abzurechnen.« – »Warum«, fragte Clemens, »mußt du dich denn umziehn, bei der Mutter?« – »Weil ich nur in deiner Uniform hinausfahren kann«, sagte der Ferdinand, »in dem Anzug da würde ich auffallen, und es könnte mich wer erkennen. Ich darf aber nicht erkannt werden. Ich bin tot, und ich bleibe tot. Glaub mir, das ist manchmal besser!« (Und dabei habe er auf eine Art gelacht, daß es dem Clemens ganz anders wurde.)

Hier stand die Bäumlern auf, die, seit vom Ferdinand die Rede war, mit auf die Schenkel gestützten Ellbogen, die Knöchel unterm Kinn, angespannt gelauscht hatte. Sie machte, ehe sie jemand hindern konnte, ein paar Schritte auf den Kriminalrat zu.

»Er hat zu mir gewollt, mein Ferdinand«, stammelte sie, fast lallend, »zu mir hat er gewollt, und drum hat der« – sie deutete dabei mit dem Daumen auf Clemens, ohne ihn anzuschaun – »ihn hingemacht. Das hatte der immer im Sinn.« Jeanmarie war aufgesprungen und führte sie, die nun leise zu schluchzen begann, zu ihrem Sitz zurück, wo beide Panezzas sie durch leichtes Handauflegen auf ihre Schultern an weiteren Ausbrüchen zu hindern suchten und offenbar auch beruhigten. Clemens brach nicht wieder in Tränen aus, er stand mit geducktem Kopf, aber still, wie einer, der schon gewohnt ist, Schläge zu bekommen.

»Sie meint«, sagte er dann mit gesenkten Augen zum Kriminalrat, »daß ich dem Ferdinand bös war, weil sie *ihn* gern hatte und mich nicht. Aber da war doch *er* nicht schuld!«

»Nein«, sagte Merzbecher, »und Sie auch nicht. Aber das tut ja hier nichts zur Sache. Denken Sie, bitte, jetzt nicht daran. Versuchen Sie nur an alles genau zu denken, was noch am Samstagabend vorgegangen ist. Der Ferdinand wollte also Ihre Uniform haben, um damit unerkannt ins Dorf hinaus zu kommen, damit er weiter für tot gelte –«

»Ja«, sagte Clemens, »es dürfte ihn keiner sehn, zu zweit könnten wir auch nicht hin, weil immer Leute aus dem Fenster gucken und es dann heißt: ›Wen hat denn der Clemens Bäumler da mitgebracht?‹ Aber allein in der Uniform und dazu noch bei Nacht, wenn er rasch ginge, da würde man nur meinen, der Clemens kommt halt auf Urlaub heim. Bevor es hell ist, wäre er dann wieder weg, in einem alten Anzug von mir oder von ihm selber, was er halt finden kann. Und wenn die Alte, er nannte sie so, dann hinterher was redet, dann sagt man, die spinnt, die hat eine Erscheinung gehabt, das kennt man schon.«

»Hat er dann noch Näheres über seine Pläne geäußert?« fragte der Kriminalrat.

»Am Sonntagmorgen«, sagte Clemens, »solle ich ihn im Wartesaal dritter am Hauptbahnhof erwarten. ›Und in der Zwischenzeit den braunen Rock immer anbehalten und niemals ausziehen, da steckt unsre Zukunft drin eingenäht. Es geht ein Zug, da können wir nachts schon in Antwerpen sein. Wenn du aber nicht mitwillst‹, sagte der Ferdinand, ›dann kannst du deine Affenjacke zu Haus abholen, dann kriech nur in deinen Saukoben zurück, dann werden sie dich schon verwursten, eines Tags.‹« – »Und was hast du davon, wenn ich mitkomm?« fragte der Clemens. »Ich will was machen aus dir«, hätte der Ferdinand gesagt, »sonst kommst du nie aus dem Dreck. Und dann bin ich nicht so allein.« Und wie er das sagte, hatte der Clemens wieder das Gefühl, daß der Ferdinand Angst hatte, aber nicht nur vor der Polizei oder der Auslieferung an die Franzosen oder so, sondern – vor *etwas* halt –, und er habe auch immer öfter zum Fenster hinaus geschielt. – Was denn dann, fragte Clemens, aus der Mutter werden sollte, wenn sie beide weg sind? »Da mach dir keine Sorgen«, sagte der Ferdinand, »ich hab dir schon erklärt, ich muß noch mit jemand abrechnen daheim, und dieser Jemand wird zeitlebens für sie sorgen, ob er will oder nicht.«

»Haben Sie sich dabei etwas denken können?« unterbrach Merzbecher, »oder haben Sie eine Idee, was und wen er damit gemeint haben kann?«

»Nein«, sagte Clemens, »ich habe keine Idee, und ich dachte auch, das redet er nur so daher, damit ich mir kein Gewissen mache, und insgeheim hab ich gedacht, wenn ich wirklich mitgeh, da könnt ich ja Geld schicken, von dort.« Aber ob er mitgehen wollte, oder müsse, oder sollte – das war ihm alles ganz unklar in dem Moment, das ging in seinem Kopf durcheinander, »wie Musik«, sagte Clemens – also wie etwas, was man gar nicht verstehen kann. »Die Hauptsache ist«, sagte der Ferdinand, »daß ich jetzt rasch in die Uniform rein komme, damit ich hier raus kann, und daß du mir den Anzug trägst und hütest wie deinen Augapfel.« – »Da hab ich ihm«, sagte Clemens, »mein Ehrenwort drauf gegeben, auch daß ich am Sonntagmorgen im Bahnhof bin. Und dann haben wir den Vorhang zugezogen, wie wenn ein Pärchen sich küssen will, die Kellnerin war sowieso auf die Gaß hinausgelaufen, weil grad die Prinzengard vorbeigezogen ist, und sonst war noch niemand da, und unterm Tisch haben wir die Hosen gewechselt und die Schuh und überm Tisch die Röck und alles andre.« Die Schuh hätten ihm weh getan, denn der Ferdinand hat kleinere Füße gehabt...

»Der war immer neidisch«, redete die Bäumlern hinein, wurde aber von Jeanmarie zur Ruhe gebracht. Clemens hatte es offenbar nicht gehört.

»Die Mütze«, sagte er, »war für den Ferdinand ein bißchen zu weit, er mußte sie bis auf die Ohren ziehn, aber im Dunkeln war das egal, ›das ist nur gut‹, hat er gesagt, ›da bin ich erst recht nicht zu erkennen, nicht mal für einen Bluthund.‹ – Aber der weiße Hemdkragen hat mir gepaßt«, sagte Clemens, »den brauchte ich nur auf mein Militärhemd aufzuknöpfen, in das ich vorn und hinten am Hals zwei Löcher gemacht hab.« – Wachtmeister Gensert schüttelte bei diesem Geständnis unwillig den Kopf.

»Und das ist die ganze Geschichte?« fragte Merzbecher und schien beinah enttäuscht.

»Nein«, sagte Clemens, »dann hat er mir noch die Pistole gegeben.«

Alle horchten auf.

»Aus einem besonderen Grund?« fragte der Kriminalrat.

»Das war so«, sagte Clemens, »zuerst hatte er sie aus dem Anzug herausgenommen und sich selbst in die Uniformhose gesteckt. Dann guckte er mich so komisch an und plötzlich hat er gesagt: ›mir kann ja nichts passieren, in deiner Uniform – nimm du sie lieber, und wenn dir ein Bluthund begegnet und an die Gurgel will, dann schieß.‹« – Einen Augenblick herrschte Stille im Saal.

»Und das Stilett? das Messer??« knarrte plötzlich die Stimme des Oberstaatsanwaltes Classen. »Das steckte wohl auch in dem Anzug?«

Clemens schaute hilflos und ohne Verständnis zu ihm hin.

»Oder«, fuhr Classen fort, bevor Merzbecher hätte eingreifen können, »wie sind Sie sonst zu der Mordwaffe gekommen?«

»Ich bin gar nicht dazu gekommen«, sagte Clemens mit schwerfälliger Zunge.

»Behaupten *Sie*«, sagte Classen ironisch, »aber Sie sind Ihrem Bruder doch nachgegangen und haben ihn vor oder im Eingang zum Dom erstochen, um das Geld allein zu behalten, das wissen wir doch alles. Ja oder nein?«

»Ich protestiere«, rief Dr. Levisohn und sprang auf, »gegen diese Art von Suggestivfragen.«

»Schweigen Sie«, brüllte Classen, »Herr – –«

Jetzt verlor Merzbecher die Geduld. »Herr Oberstaatsanwalt«, rief er ziemlich erregt, »ich bitte, die Befragung mir zu überlassen! Das ist nicht Ihr Ressort!«

Classen zerrte verärgert an seinem Bart und trommelte mit der anderen Hand auf dem Tisch. »Dann wursteln Sie halt weiter«, sagte er dann mürrisch, »Sie werden schon sehn, wo Sie hinkommen.«

Wieder war es einen Augenblick still, Merzbecher schien nach dem Faden zu suchen, an dem er neu anknüpfen könne, Clemens schaute unter sich. »Wie haben Sie sich dann«, hub Merzbecher wieder an, »von Ihrem Bruder getrennt?«

Dem Clemens entrang sich ein schwerer Atemzug. »Das ging dann rasch«, sagte er. »Der Ferdinand rief die Kellnerin, und zahlte alles...«

»Von welchem Geld?« fragte der Kriminalrat.

»Von seinem«, sagte Clemens, »er hatte genug in der Rocktasche, das hatte er sich rausgenommen vorher, und ich hatte mir meine gesparte Löhnung eingesteckt, das waren zwei Goldstücke. Die wollte ich« – sagte er fast unhörbar – »die wollte ich nämlich der Mutter bringen – eigentlich.«

»Und dann?«

»Dann sagte der Ferdinand ›Tschüs, und mach's gut‹ und

72

wollte fort, und da wurde mir auf einmal ganz angst und ich hielt ihn am Arm und sagte, wo soll ich denn hin, bis morgen früh, und da hat er gelacht und gesagt: ›In den Kappelhof, aber behalt den Rock an.‹ Dabei hat er mich in die Seite geboxt, wie früher als, und war weg.«

Damit setzte Clemens sich erschöpft auf seinen Stuhl, als habe er nichts mehr zu sagen.

»Bleiben Sie ruhig sitzen«, sagte Merzbecher, »wenn Sie müde sind, aber erzählen Sie uns noch ganz genau, was Sie dann gemacht haben – oder – was Ihnen begegnet ist –, bis man Sie schließlich im Kappelhof verhaftet hat.«

Clemens machte ein Gesicht wie jemand, dem es schwerfällt, sich an etwas zu erinnern. Aber er stand wieder auf.

»Ich bin dann hinaus«, sagte er, »gleich nach dem Ferdinand – da war mir doll im Kopf, von dem Bier und den Asbach, und auch sonst, und ich bin eine Zeitlang durch die Gassen gelaufen.«

»Wie lang?« fragte Merzbecher.

»Eine Zeitlang«, sagte Clemens, »ich hab nicht aufgepaßt. Übers Höfchen konnte ich nicht hinüber, da war grade der Umzug, da hab ich warten müssen.«

»Und dann?«

»Dann bin ich in den Kappelhof.«

»Gleich? Ohne Umweg?«

»Gleich.« – Nur Classen lachte ironisch.

»Sind Sie am Dom vorbeigegangen?« fragte Merzbecher, ohne besondere Betonung.

»Ja«, sagte Clemens, »da muß man ja vorbei.«

»Und von Ihrem Bruder haben Sie nichts mehr gesehen?«

»Nein.«

»Hatten Sie eine Vermutung, daß er in den Dom gegangen sein könnte? Hat er irgendeine solche Absicht geäußert?«

»Nein«, sagte Clemens und schüttelte den Kopf.

»Und warum sind Sie dann in den Kappelhof gegangen?«

Clemens antwortete nicht.

»Ich meine«, sagte Merzbecher, »sind Sie nur dorthin gegangen, weil Ihr Bruder das gesagt hatte?«

Clemens bewegte die Lippen und wurde über und über rot.

»Ich – ich war schon lange bei keinem Mädchen«, sagte er dann, mit einem Ausdruck unendlicher Verlegenheit und Scham, »ich gehe mit keiner – und in Uniform darf man dort nicht hin.«

Er richtete plötzlich einen verzagten Blick in die Ecke, wo neben Frau Guttier die Rosa saß, als suche er Hilfe, Trost und Verständnis.

»Nun«, sagte Merzbecher, selbst etwas verlegen und unwissentlich errötet, »erinnern Sie sich an die Äußerungen, die Sie dort getan haben?«

Clemens wandte ihm das Gesicht zu, mit einem angestrengt suchenden Blick. Er wisse nur, daß er rasch getrunken habe, sagte er dann, um alles zu vergessen. Aber je mehr er hinunter goß, desto klarer kam alles herauf.

»Und ich mußte denken«, sagte er, »die ganze Zeit, daß ich jetzt auf alle Fälle ein Verräter bin, ein Judas, entweder an meinem Bruder, der auf mich traut wie auf keinen sonst und nicht allein sein will – oder am Regiment, wenn ich davon geh, als Deserteur. Ich wollte aber keiner sein, das war mir jetzt nur passiert, und ich wußte gar nicht mehr wohin, und wär lieber tot gewesen. – Ich war immer gern Soldat«, sagte er nach einer Pause, »und bin jetzt Stubenältester, ich habe mein Pferd gern und meine Stube, und vorher ist es mir nie so gut gegangen. Aber den Ferdinand, den konnte ich auch nicht lassen – obwohl mir's jetzt schwer aufs Herz fiel, daß es schlecht war, was er gemacht hat, mit dem Geld und allem, und daß Blut dran klebte, und es war unrecht Gut – da war ich aber schon ganz benebelt, und wollt es los sein und von mir werfen, alles was mir passiert war...« So habe er wohl das Rockfutter aufgerissen und das Geld hingeschmissen, aber das wisse er nicht mehr recht.

Seine Stirn war feucht geworden, und er wischte sich die linke Hand an seiner Hose. Die rechte hielt er noch immer im Rock verborgen.

»Ein Judas« murmelte die Bäumlern. Niemand achtete darauf.

»Sie können sich jetzt setzen«, sagte Merzbecher, »das ist genug für heute. Glauben Sie nicht, Bäumler«, fügte er mit einer gewissen Wärme hinzu, während Clemens sich erleichtert niederließ, »daß wir hier eine vorgefaßte Meinung gegen Sie haben oder Sie für einen Lügner halten. Aber wenn Ihnen noch etwas einfällt, was Ihnen jetzt vielleicht entfallen ist – was es auch sei –, so verhehlen Sie uns nichts. Wir müssen Sie natürlich in Haft behalten, bis die näheren Umstände des Mordes aufgeklärt sind – denn leider haben Sie für den Zeitpunkt der Tat kein genaues Alibi.«

Er hatte, während er sprach, einen in Tuch gewickelten Gegenstand vom Tisch aufgenommen und enthüllte jetzt ein langes, dünnblattiges Stilett, das in eine fast nadelscharfe Spitze auslief und einen schmalen, silbernen Handgriff besaß. Er hielt es mit dem Tuch an der Spitze, ohne den Handgriff zu berühren.

»Diese Waffe«, fragte er Clemens, »haben Sie also nie gesehen?«

Clemens schüttelte den Kopf.

»Es handelt sich«, sagte Merzbecher, die Waffe hochhebend, so daß jeder sie sehen konnte, »um ein italienisches, oder, nach Meinung unseres Waffensachverständigen, sizilianisches Stilett von besonders feiner Arbeit, wie es hierzulande nicht im Gebrauch ist. Es ähnelt jenem, mit dem die Kaiserin Elisabeth von Österreich vor dem Laufsteg eines Dampfers am Genfer See von einem italienischen Anarchisten namens Luccheni inmitten der wartenden Menge erstochen worden ist. Auch sie konnte noch einige Schritte gehen, offenbar ohne die tödliche Verletzung gespürt zu haben, und brach erst auf dem Dampfschiff zusammen. Um einen solchen Stoß zu führen, muß man wohl an den Gebrauch derartiger Waffen gewohnt sein. Man müßte nachforschen, ob in der Stadt kürzlich irgendwelche Italiener eingereist sind...« Er hatte dabei den aufmerksam dabeisitzenden Kommissar angeschaut, der bisher keinen Grund gehabt hatte, sich zu der Untersuchung zu äußern.

Jetzt stand dieser auf und sprach eifrig, in ausgesprochenem Lokaldialekt: »Mir hawwe e paar hunnert italienische Chaussee-

Arbeiter in der Stadt – für die neu Chaussee nach Zahlbach un Bretzenheim. Die kann ma nit all vernehme – noch dazu an Fassenacht!« – Das letzte sagte er mit einem vorwurfsvollen Tonfall, als sei er über diese kriminalistische Störung der Fastnacht persönlich beleidigt.

»Nun«, sagte Panezza plötzlich mit einem Lächeln, »da wäre ja noch –« Aber er spürte im gleichen Moment den Blick seines Sohnes mit einem solchen Flehen, oder einer so verzweifelten Warnung, auf seinem Gesicht, daß er verstummte. »Das ist ja auch Unsinn«, sagte er vor sich hin, ohne daß ihm jemand Beachtung schenkte, denn die Aufmerksamkeit war immer noch auf das Stilett in der Hand des Kriminalrats gerichtet, auch hatte die mainzerisch getönte Äußerung des Kommissars eine leise Heiterkeit geweckt.

»Zu dieser Waffe«, sagte Merzbecher gedankenvoll, »muß es auch eine Scheide geben, und zwar, der Klinge und dem Heft entsprechend, wohl eine gut gemachte, leichte, elegante Scheide, kein gewöhnliches Messer- oder Dolchfutteral. Wenn wir die hätten...«

»Aber wir haben sie nicht«, schnarrte der Oberstaatsanwalt, »die hat der Täter natürlich zwischen dem Dom und seinem nächsten Ziel – sagen wir vielleicht dem Kappelhof – fortgeworfen. Man müßte in dieser Gegend suchen lassen.«

»Das ist, selbstverständlich, geschehen«, sagte der Kriminalrat, »aber ohne Erfolg.«

»Wenn ich mir eine Bemerkung erlauben darf«, ließ sich auf einmal der Domkapitular Henrici hören, »sollte man wohl eher nach einer anderen Richtung hin suchen. Ich bin zwar Laie, doch in bezug auf menschliche Bekenntnisse oder Geständnisse nicht ganz ohne Erfahrung, und ich muß sagen, daß die Erzählung des Clemens Bäumler mir sehr glaubhaft erschien. Es kam aber darin mehrmals etwas von einem ›Bluthund‹ vor – und ich möchte darauf hinweisen, was ich bereits zu Protokoll gegeben habe, daß ich selbst am Abend der Tat beim Verlassen der Kirche glaubte, eine Gestalt forteilen zu sehen, die mir nicht wie ein Mensch vorkam.«

Er lehnte sich wieder in seinen Stuhl zurück.

»Auch ich habe daran gedacht«, sagte Merzbecher, »aber ein Hund beißt, und sticht nicht mit einem Stilett.«

»Außer Hund und Mensch«, sagte Henrici leise, »gibt es noch viele Wesen.«

»Meinen Sie natürliche«, fragte Merzbecher ernst, »oder übernatürliche?«

»Diese Grenze zu ziehn«, sagte Henrici, »ist nicht ganz einfach. Jedes natürliche Geschöpf kann Werkzeug von Kräften sein, die wir übernatürlich nennen.«

»Ich weiß nicht«, sagte Merzbecher, »ob uns das weiterführt, wir können uns leider nur an das Faß- und Greifbare halten, obwohl die Wurzeln unserer Taten gewöhnlich dort liegen, wo grade das aufhört. Jedenfalls danke ich Ihnen, Hochwürden, für Ihre Anteilnahme. Im übrigen glaube ich, daß wir jetzt, besonders im Hinblick auf die begrenzte Zeit einiger Zeugen, die heutige Untersuchung schließen könnten.«

Er blickte zum Oberstaatsanwalt hin, der wieder mit dem Knöchel auf den Tisch klopfte und in barschem Tonfall mitteilte, die Untersuchung sei beendet, die Aufgerufenen hätten sich aber dem Gericht zu eventuellen weiteren Befragungen jederzeit verfügbar zu halten – wobei er noch einmal auf die Schweigepflicht hinwies und mit Bestrafung drohte.

Von St. Peter schlug es eben elf, was Panezza grade noch elf Minuten elf Sekunden gab, um sich in den Prinzen Karneval zu verwandeln und sich zu seinem, allerdings in nächster Nähe am Schloßplatz aufgestellten Prunkwagen zu begeben. Trotzdem zeigte er keine Hast und machte, im Moment, keine Anstalten, sich rasch zu entfernen, sondern schien wie von Grübeln gelähmt.

Als die Herren sich nun erhoben und einander zur Verabschiedung zuwandten, eilte ganz plötzlich, und zunächst fast unbemerkt, das Mädchen Suzanne Ripflin, genannt Rosa, nach vorne und trat zu dem ebenfalls aufgestandenen Clemens, an dessen Seiten, rechts und links, sich schon zwei Uniformierte zur Abführung postiert hatten.

Mit einer raschen Geste, ohne daran zu nesteln, öffnete sie ihr unscheinbares Handtäschchen und entnahm ihm zwei Goldstücke im Wert von je zehn Mark, die sie Clemens entgegenhielt.

Der schaute sie ratlos an, auch die beiden Polizisten guckten verdutzt. »Ich möchte«, sagte das Mädchen, »Ihnen das zurückgeben. Bitte, nehmen Sie das.«

»Warum wollen Sie das tun?« fragte Merzbecher, der mit dem Kommissar dazugetreten war.

»Er hat gesagt«, antwortete sie und wurde rot, »es wär seine gesparte Löhnung gewesen. Und er hat«, fügte sie leiser hinzu, »nichts davon gehabt.«

Merzbecher nahm ihr die beiden Goldstücke aus der Hand. »Haben Sie das«, fragte er Clemens, »dem Mädchen geschenkt?«

»Ich glaube«, sagte Clemens, ohne das Mädchen anzusehn, »und sie soll's nur behalten.«

»Nein«, sagte Rosa, »ich will nicht.«

Inzwischen hatte sich Madame Guttier durch die aufmerksam gewordene, obwohl schon in Auflösung begriffene Versammlung nach vorne gedrängt. »Sie hat nicht gearbeitet«, sagte sie, »das müssen die Herrn verstehen. Meine Damen sind äußerst kitzlig in puncto Ehrgefühl.« – Dabei warf sie jedoch der Rosa einen verächtlichen Blick zu.

»Wenn Sie das ernst meinen«, sagte Merzbecher zu Rosa, »wird das Gericht vorläufig das Geld für den Verhafteten in Verwahrung nehmen. Aber ich hoffe, Sie werden's dann nicht bereuen, eine spätere Reklamation hätte keinen Zweck.«

Rosa nickte nur, aber sie schien erleichtert und wandte sich rasch dem Ausgang zu, mühsam hinter ihr herschnaubend die Madame.

Inzwischen hatte sich Panezza zusammengerissen und ging, nach einer kurzen, geflüsterten Instruktion an Jeanmarie, die vermutlich die Bäumlern betraf, mit raschen Schritten zur Tür. Dort traf er mit dem Domkapitular Henrici zusammen und blieb, um ihm den Vortritt zu lassen, einen Augenblick stehen.

»Gehen Sie nur voraus«, sagte Henrici, »Sie haben es eilig.«
Aber Panezza ging nicht.

Mit dem gleichen, leeren und abwesenden Blick trat er für
eine Sekunde dicht an den geistlichen Herrn heran und neigte
seine Lippen zu dessen Ohr. »Gut«, sagte der Priester und nickte
ihm freundlich zu, »am besten in der bischöflichen Bibliothek.«

Erst dann wandte sich Panezza und lief eiligst die Treppe hinunter, wo er in einem Ankleideraum verschwand.

Jeanmarie hatte die Bäumlern unterm Arm gefaßt und sanft
von ihrem Sitz hochgezogen, auf dem sie während der letzten
Vorgänge in sich zusammengesunken war, als ginge sie das
nichts mehr an.

Auch als man Clemens abführte, hob sie den Kopf nicht und
gab ihm keinen Blick.

Jetzt aber drängte sie plötzlich mit einer Kraft, der Jeanmaries
schmale Schultern nicht gewachsen waren, ihn mit sich schlei-
fend, auf die verschlossene Tür der Leichenhalle zu.

»Er hat zu mir gewollt«, stieß sie immer wieder hervor, mit
einer rauhen, zornigen Stimme, »er hat zu mir gewollt, ich will
ihn mir holen!«

Der Saal war inzwischen fast schon geräumt, nur Merzbecher
und der Gerichtsdiener waren noch zurückgeblieben, und diese
beiden eilten dem wehrlosen jungen Mann zu Hilfe.

»Ihr Sohn«, sagte Merzbecher, während der Gerichtsdiener
sich mit ausgebreiteten Armen vor die ohnehin verschlossene
Tür stellte, »wird Ihnen nach Hause gebracht werden, sobald die
notwendigsten Untersuchungen abgeschlossen sind. Sie können dann wegen der Beerdigung frei verfügen – man wird Ihnen
sicher beistehen –, er kann dann in seinem heimatlichen Friedhof
beigesetzt werden ...«

Er redete immer weiter, obwohl er wußte, daß die Bäumlern
nicht auf ihn hörte, um sie durch den Stimmklang zu beruhigen
und abzulenken, wobei er Jeanmaries Versuch, sie wegzufüh-
ren, vorsichtig unterstützte. Sie gab dann auch allmählich ihr
Drängen nach der Leichenhalle auf und folgte, ohne zu weinen
oder noch ein Wort zu äußern, mit verbissenen Lippen den Her-

ren hinunter, wo sie sich von Jeanmarie widerstandslos in das Mietauto setzen ließ.

Am nahen Schloßplatz begann schon mit donnerndem Paukenschlag und mächtigem Getöse die Musikkapelle Seiner Närrischen Majestät mit dem Fastnachtsmarsch, der das Anrollen des Festzugs einleitete, und man hörte die Große Bleiche entlang bis zum Münsterplatz das laute, ungeduldig hallende Geschrei der spalierstehenden Leute und Kinder.

Der Domkapitular Henrici hatte sich einen geschlossenen Einspänner kommen lassen, da er in seinem geistlichen Gewand nicht gut durch das Maskentreiben hätte zu Fuß gehen können. Mühsam suchte sich der Wagen auf weniger belebten Seitengassen seinen Weg durch die Stadt. Dicht hinter ihm her klapperte eine andere, etwas noblere, zweispännige Chaise und fuhr, als Henrici beim bischöflichen Palais die seine verließ, ein paar Straßen weiter – ins Schifferviertel.

Nachdem Jeanmarie die Bäumlern bei ihrem Backsteinhäuschen abgesetzt und sich umgekleidet hatte – denn ein uniformierter Offizier mochte in diesen Tagen der Maskenfreiheit ebenso ungern durch die Straßen gehn wie ein geistlicher Herr oder eine stadtbekannte Hurenmutter –, fuhr er mit dem Dampfschiff nach Mainz zurück und begab sich, durch das ungeheure Gedränge in der Rheinallee, am Fischtor und in der Marktgegend mühsam vordringend, zur Wohnung der Bekkers in der Ludwigstraße.

Die große, weiträumige Etage hatte eine Fensterflucht, sogar einen offenen Balkon zur Straßenseite, von wo man den Fastnachtszug, der zweimal – am Anfang und am Ende seines langen Marsches durch die Stadt – dort vorbeirollte, aus genügender Nähe und in aller Bequemlichkeit ansehen konnte. Die Bekkers pflegten, wie die meisten Leute, an deren Wohnungen der Zug vorüberkam, ihre weniger begünstigten Freunde und Bekannten alljährlich zu diesem Schauspiel einzuladen und reichlich zu bewirten – dies Jahr war durch das Mitwirken ihrer Tochter

Katharina an so illustrer Stelle doppelter Anlaß zum Feiern, wozu natürlich auch die Familie Panezza gebeten war. Vor dem Haus stand die Menge Kopf an Kopf, bis zu der von einem Sperrseil gesäumten Trottoirkante, und zahllose ›Bittel‹, nämlich Halbwüchsige aus jenen Schichten, die man im Gegensatz zu den ›feinen‹ oder den ›besseren Leuten‹ nur »die Leut« nannte, stießen sich wie die Stierkälber dazwischen herum.

Als Jeanmarie sich endlich einen Weg zur Haustür gebahnt hatte und dann die Bekkersche Wohnung betrat, fand er die Gäste durchweg auf den mit Sitzkissen belegten Fensterbänken zusammengedrängt oder draußen auf dem Balkon; denn der Zug sollte auf seinem zweiten Vorbeimarsch jeden Augenblick erscheinen: man hörte schon das Schüttern und Dröhnen vieler, miteinander wüst disharmonierender Musikkapellen aus geringer Entfernung, wo er vermutlich durch eine Stockung aufgehalten war.

Jeanmarie leerte ein Glas Sekt, das ihm der Hausherr kredenzte, und gleich darauf ein zweites, dabei wich der beklemmende Druck des Erlebten, der ihm fast übel gemacht hatte, von seinem Herzen und gab einer andersgearteten, fiebrig pochenden Erregung Raum. Ihm war, als müsse er etwas tun, etwas aufhalten, verhindern, das sich mit Schicksalsgewalt zu nähern schien, aber sein Drang zum Handeln war vom Bewußtsein der Fragwürdigkeit unterhöhlt – allem Tun und aller Welt gegenüber –, denn alle Welt war plötzlich bodenlos und ohne Gewißheit, alles Tun verdächtig, und allen Menschen schien alles zuzutrauen. Gleichzeitig quälte ihn ein Bedürfnis nach Mitteilung, das sich auf keine bestimmte Person bezog und ohnehin durch die ihm auferlegte Schweigepflicht gelähmt wurde… Am liebsten hätte er sich in einem Beichtstuhl ausgeflüstert, denn er empfand sich als mitschuldiger Mitwisser von etwas, das er nicht wirklich wußte und vor dessen Aufhellung er sich fürchtete.

An einem kleinen Erkerfenster zur äußersten Rechten des Raums sah er Viola mit seiner Schwester Bettine. Die beiden Mädchen kauerten kniend, von einigen Jahrgängen der vielen

Bekker-Kinder umringt, auf dem Sitzpolster und hielten einander mit den Armen um die Taille, während man für Frau Clotilde Panezza einen Sessel in die Nähe der Balkontür geschoben hatte, auf dem sie, die Silberdose mit den Migränetabletten in der Hand, sich ihrem chronischen Phlegma hingab.

Jetzt verstärkte sich das Bumsen und Blasen, Pauken und Schmettern, Pfeifen, Huftrappeln und Räderrasseln in rascher Steigerung, und die Kinder stürmten mit ihren Quietschtrompetchen, die dem allgemeinen Lärm seine vordergründig schrillen Akzente setzten, auf den Balkon, von dem sie bunte Papierschlangen und in Glanzpapier eingewickelte Lutschbonbons auf die Straße warfen, wo sich die ›Bittel‹ drum balgten. Jeanmarie war von hinten an die aneinander geschmiegten Mädchen herangetreten, hatte plötzlich seine Arme um ihre Schultern gelegt und sein Gesicht zwischen ihren Köpfen durchgesteckt – der erschreckte Aufschrei der beiden hatte sich in munteres Lachen gelöst, nun zog er das angelehnte Fenster auf, und alle drei beugten sich über eine draußen vorgelegte Geländerstange weit hinaus.

Mit der freien Luft, die sie jetzt umwehte, wandelte sich das brodelnde Lautgewirr aus Musikfetzen, Wagengepolter, Gesinge, Geschrei und Gelächter zu einem einzigen, ungeheuren Brausen, das auf Jeanmaries überreizte Nerven wirkte wie das Heulen eines lawinenlösenden Tausturms im Gebirg oder das kataraktische Aufgurgeln und Überschwellen einer alles verschlingenden Brandung. Er lehnte sich fest an Bettine, die, seine Erregung spürend, ihre kühle Hand auf die seine legte. Ihrem fragenden Blick wich er aus. Man würde die morgendliche Fahrt zum Gericht, die natürlich nicht unbemerkt abgegangen war, der Familie gegenüber vorläufig als eine Erbschaftssache bagatellisieren, war zwischen ihm und Panezza ausgemacht. Von der Seite beobachtete er Viola, die aber in völliger Unbefangenheit und ganz mit Schauen beschäftigt all ihre Aufmerksamkeit der Straße zugewandt hatte.

Dort näherte sich jetzt, mit Herolden, kostümierten Spitzenreitern auf tänzelnden oder schon müde dahintrottenden Gäulen, gesäumt vom Fußvolk und der Reiterei der närrischen Garden, der Zug, der sich aus endlosen Gruppen phantastisch aufgemachter Festwagen zusammenfügte, mit schweren, bänder- und glöckchenbehängten Pferden belgischen oder dänischen Schlages beschirrt. In Abständen durchsetzten ihn die in Clownkostümen oder barocken Uniformen marschierenden Blech-, Trommel und Pfeifer-Korps mit ihren manchmal schon weinschwankenden Tambourmajoren.

Der Zug entrollte sich mit einer gewissen gravitätischen Schwere und Langsamkeit, die nicht nur vom Tempo der breitarschigen Percherons bestimmt wurde. Es war kein Zweifel, daß er, bei aller Lustigkeit und Narretei, sich selbst recht ernst und wichtig nahm und auch so genommen wurde. Da war nichts von Wildheit, Wüstheit, orgiastischer Maßlosigkeit, weder bei den Mitwirkenden noch bei den Beschauern, das Ganze war eine riesige, aber in den Grenzen des kindlichen Vergnügens gehaltene Volksbelustigung, deren Stimmung ohne Bösartigkeit oder Schadenfreude, überhaupt ohne das hämische Element, das populären Schaustellungen leicht anzuhaften pflegt, von harmloser Spottlust, ansteckender Lachbegier und milder Selbstironie getönt war. Und doch machte sich, besonders mit dem weiteren Vorrücken des Zugs, das eine leichte, rüttelnde Beschleunigung mit sich brachte, auch eine Art von feierlicher Tollheit spürbar, etwas Hintergründiges und Verstecktes, Unausgesprochenes, Absichtsloses, ein Schauer geheimer Dämonie, wie er aller Vermaskung anhängt und der ganz nah bei der Anbetung wohnt, eine Mischung von Bakchentanz und Prozession... Da wurden, durch überlebensgroße Pappfiguren oder Gruppen kostümierter Leute, von quergespannten Spruchbändern verdeutlicht, aktuelle Ereignisse aus der großen und kleinen Politik persifliert, pikante oder schildbürgerliche Lokalgeschichten verulkt, mancherlei hochmögende oder sich so dünkende Persönlichkeiten durch den Kakao gezogen, je nach Witz oder Deftigkeit von der Menge mit Lachsalven, Beifallsgeschrei, Händeklatschen, Scherzrufen begrüßt. Auf anderen Wagen waren allbekannte ›Sprüch‹, notorische Redensarten

83

oder Schlagworte der Zeit parabelhaft dargestellt, und traditionelle Symbole oder Gestalten aus der Sage und dem Alltag der Stadt – der Vater Rhein, der alte Willigis, das Rollerad, der Bawwelnit, der Gogges vom Neue Brunne, der preußische Stadtgouverneur und die Grashüpper vom Großen Sand (nämlich die dort experimentierenden ersten Sportflieger) travestiert – und zugleich wie mythische Helden- und Götterbilder dem Volk preisgegeben und vom Volke verlacht oder gefeiert.

Plötzlich aber entstand in dem Riesenlärm eine Art von akustischer Oase, indem wohl eine der Blaskapellen eben um die Ecke gebogen, die nächste noch nicht auf dem Plan war oder grad pausierte – und in diese immer noch von wogenden Geräuschen erfüllte, aber fast wie Stille wirkende Stauung hinein erscholl das hundertfältige, scharf rhythmische Bleikugelknattern von einer in Viererreihen marschierenden Knabentruppe, der ›Kleppergard‹, die wie die Pagen bei einem feudalen Défilé dem Prunkwagen von Prinz und Prinzessin Karneval unmittelbar vorausschritten. Mit ihrem Gefieder aus bunten Papierschnitzeln und ihren mehlweißen Spitzkappen über den frischen Gesichtern zogen sie kräftig daher, unermüdlich die Klepper schwingend, und ihr blanker einstimmiger Bubengesang erfüllte die Luft mit dem Jubel jener Vögel unter dem Himmel, die sich um ihre Lebsucht nicht zu kümmern brauchen.

Als nun der purpur- und goldbehängte Thronsessel, auf einem mit leichteren Pferden beschirrten Landauer aufgebockt, mit den Närrischen Majestäten über den Köpfen der Menge erschien, bemerkte man in der Bekkerschen Wohnung den affigen jungen Regierungsassessor, Katharinas präsumptiven Bräutigam, der bisher nicht weiter aufgefallen war, sich jetzt aber völlig unsinnig und lächerlich benahm. Wie ein gepeitschter Drehkreisel oder ›Dobbisch‹ raste er, vor Eifer um seine eigene Achse wirbelnd, von Fenster zu Fenster, zwängte sich mit Kopf und Schultern zwischen den anderen Zuschauern hindurch nach vorne, schrie, brüllte, jodelte, juchzte und kreischte hinunter, ruderte mit beiden Armen in der Luft, die Hände wie Schlagzeugdeckel aufeinander schmetternd, und wäre schließlich beinah übers Balkongeländer abgestürzt, hätte ihn nicht jemand noch rasch an den Beinen gepackt.

Ob Katharina seine vordringlichen Ovationen bemerkte, blieb unerfindlich. Sie lächelte höchstens einmal flüchtig und ohne den Kopf zu heben zu ihrer elterlichen Wohnung hin. Die beiden, Prinz und Prinzessin, saßen in ihren glitzernden Gewändern mit einer marionettenhaften Grandezza auf dem Thron, und ihre Bewegungen, wenn er das Zepter, sie den Blütenstab hob, wenn sie der Menge zuwinkten, sich huldvoll nach vorne und nach den Seiten neigten und mit lächelnder Miene den rasenden Beifall der Straße und der besetzten Fensterfronten entgegennahmen, hatten etwas Abgezirkeltes, fast Automatisches. Ihre Arme, sein rechter, ihr linker, waren ineinandergelegt, ihre Hände berührten sich nicht, und sie vermieden wohl auch, einander anzusehen. Ihre Haltung war ganz die von wirklichen, nicht von gespielten oder spielenden, Majestäten, die gewohnt und erzogen sind, hinter höfischem Zeremoniell und leutseliger Freundlichkeit Gedanken, Gefühle, Meinungen, überhaupt ihr wahres Selbst zu verbergen. Tatsächlich waren sie so in sich selbst versunken, daß sie kaum bemerkten, was ihre Hände und Gesichter taten und ausdrückten. Grade dadurch aber ging von ihnen die Strahlung einer so echten Würde und Hoheit aus, wie sie bewußt und mit Absicht darzustellen ihnen kaum gelungen wäre, und selbst einen gelernten Komödianten auf die Dauer überanstrengt hätte. Auf die Menge, die ja in ihnen ihre selbsterkürten, aus ihrem Fleisch und Blut geschaffenen Potentaten, einen ihrem Wunsch und Willen untertänigen Traum von Glanz und Adel sehen wollte, wirkte dieses sonderbar rituelle, jeder Gewöhnlichkeit bare und eher steif distanzierte als populäre oder dionysische Verhalten der beiden dort oben, in ihrer von tausend Augen bespähten Ein- und Zweisamkeit, gradezu berauschend: man fand, daß sie fürs Volk ein großes, nie gesehenes Schauspiel gäben, und jubelte ihnen zu wie gnadebringenden Weihegöttern – was von ihnen mit einer vornehm gelassenen, ja ernsten und wissenden Anmut und Artigkeit quittiert wurde. Katharina war schön wie ein Bild, es war kaum zu denken, daß sie wirklich lebte, wäre nicht das unregelmäßige Atmen ihrer Brust gewesen, in dem sich die verborgene Erregung Luft machte – und von Panezza ging eine so noble, melancholisch ergebene Selbstbeherrschung aus, daß es den Geschwistern, die bereit waren, alles dumm, albern und geschmacklos zu finden, die Spottlust verschlug, und sie auf eine eigne, ihnen selbst unerklärliche Weise ergriff und bewegte.

Auch Viola schien von dem Besonderen und Ungewöhnlichen dieses Aufzugs ergriffen zu sein, so sehr, daß sich ihre Augen verdunkelten und mit Tränen füllten. Fast reglos, mit offenen Lippen, kauerte sie neben Jeanmarie, der sie immer wieder verstohlen anschauen mußte, und erst als der Prunkwagen schon vorüber und beinah den Blicken entschwunden war, neigte sie sich vor und streckte, wie alle andern, den Verschwebenden nachwinkend, Arm und Hand hinaus. Dabei bemerkte Jeanmarie an ihrem Handgelenk, das schmal und zart den vollen weißen Arm abschloß, einen Reif, den sie bisher nicht getragen hatte: etwas mehr als fingerbreit, aus mattem, vom Alter nachgedunkelten Silber, der sich in der Mitte zu einem fein ziselierten, wappenartigen Weinblatt erweiterte. In dieses Blatt war ein M eingraviert – in der gleichen, leicht geschwungenen Schrift, die sich ihm im Gerichtssaal unverwechselbar eingeprägt hatte.

Ihm war, als werde ihm ein Stilett durch die Herzwand gestoßen. Seine Schläfen hämmerten, sein Kopf begann zu dröhnen. Einen Augenblick hielt er sein Gesicht in den leicht nach Apfelsinen duftenden Luftzug, der vom Rhein her wehte. Dann faßte er, während das Gefühl von Schwindel und Ohnmacht ihn allmählich verließ und einer bebenden Spannung Platz machte, wie absichtslos ihre Hand und hielt sie dicht vor seine Augen.

Drunten nahte sich das Schwanzende des Zuges mit einigen besonders komischen Figuren, den als ›Krüppelgard‹ grotesk aufgemachten Schleppenträgern der dickbusigen Göttin Moguntia, die von einem athletischen Mann in Weiberröcken dargestellt wurde – so daß seine ihr zugeflüsterten Worte, vom tosenden Gelächter übertönt, auch von Bettine nicht gehört werden konnten.

»Habt ihr dieses M«, fragte er sie in ihr Ohr, »auch auf andren Familienstücken?«

»Kennst du es nicht?« antwortete sie mit unbekümmerter Stimme, »es ist das Geschlechterzeichen der Moraltos, des sizilianischen Zweigs. Bei uns wimmelt's davon, man findet es auf all unsren alten Sachen.«

»Auch auf Waffen vielleicht?« fragte er rasch – »auf einer eingelegten Pistole zum Beispiel –˙oder auf dem Griff eines Stiletts?«

Ihre Augen weiteten sich, ihr Gesicht wurde weiß bis in die Lippen. Ihre Hand, die er noch in der seinen hielt, war kalt und feucht geworden. Sie entzog sie ihm und preßte sie auf ihr Herz.

»Was weißt du?« flüsterte sie dann.

»Nichts«, sagte Jeanmarie – und er sprach damit die Wahrheit und die Unwahrheit zugleich. Aber der Mund war ihm versiegelt.

»Nichts«, wiederholte er, und dann fast stammelnd, dicht an ihrem Hals: »Ich will dir helfen...«

Sie schwieg eine Zeitlang, ihre Blicke irrten auf die Straße hinaus. »Bring mich nach Hause«, sagte sie dann, ohne ihn anzuschaun. »Ist dir nicht wohl«, fragte Jeanmarie, »soll ich einen Wagen besorgen?«

Sie schüttelte den Kopf, erhob sich mit ruhiger, gesammelter Energie und schritt zur Tür, ohne sich von Bettine zu verabschieden.

Jeanmarie folgte ihr rasch und sorgte dafür, daß man ihr Mantel und Kopftuch brachte – einen Hut zu tragen war weder für Herren noch für Damen ratsam in diesen Tagen. Dann ging er noch einmal zurück, um seiner Mutter und Schwester ihr Fortgehen mit einer plötzlichen Müdigkeit des jungen Mädchens zu erklären, die das lange Schauspiel überanstrengt habe und die wohl auch noch unter dem raschen Klimawechsel leide.

Da bei den Bekkers jetzt Kaffee, Gebäck und Liköre serviert wurden und noch niemand ans Aufbrechen dachte, war es nur selbstverständlich, daß Bettine bei der Mutter blieb, um später bei der Heimfahrt an ihrer Seite zu sein. Es gelang Jeanmarie, ohne weitere Verabschiedung wegzukommen und Viola im Treppenhaus einzuholen. Sie drängte hinaus und vermied noch immer, ihn anzusehn.

Es war Nachmittag geworden, und da der Himmel sich bewölkt hatte, herrschte schon graues Dämmerlicht. Auf den größeren Plätzen und Straßen begannen die Bogenlampen zu erglimmen, während im Gassengewinkel, wo es noch Gasbeleuchtung gab, die Laternenanzünder ihr Werk taten. Maskierte ›Bittel‹ warteten nur auf ihr Verschwinden, um an den Laternenpfählen hinaufzuklettern und sie wieder auszudrehn. Dies geschah nicht nur als Nachahmung eines altgedienten Studentenulks, sondern man wollte die Dämmerstunde und die zwischen Haustoren, Einfahrten, Sackgäßchen und Hinterhöfen schon dichter fallende Dunkelheit lieber ohne den störenden Lichtschimmer genießen: denn jetzt war, mit dem sinkenden Tag und der steigenden Blutwärme, in das närrische Treiben, bisher ganz mit Schaulust und Alberei gesättigt, etwas von Rausch, Trieb und Kitzel eingebrochen, ein brunstschwelliges, ruhloses Wittern und Suchen, ein Drang nach saturnalischer Ungebundenheit, nach Bockssprung und Rammelei, eine Lust, fremde Weiber anzupacken, unzüchtige Griffe zu tun, unter den Halblarven die nassen Mäuler auf zungengespaltene Lippen zu drücken: und die Liebespärchen gingen eng ineinandergepreßt, um sich in Treppenhäusern gierig zu umarmen.

Zwar hatte sich mit dem Verschwinden des Zugs ein Teil der Leute verlaufen, aber die Stadt vibrierte und summte noch wie ein Bienenstock, bevor der Schwarm ausbricht; hier und da hörte man das erschreckte, abwehrende oder lüsterne Aufkreischen einer Frau, das Gedudel und den Singsang aus Wirtschaften, das Johlen der Angetrunkenen. Es war immer noch schwer, auf den Straßen voran zu kommen, an ein Gespräch war nicht zu denken. Jeanmarie hatte alle Mühe, die in einer nebelhaften Abwesenheit an seinem Arm hängende Viola durch den Menschenstrom zu steuern, der immer dichter wurde, je näher man dem Rhein und der Stadthalle kam, an der sie auf ihrem Weg zum Dampfboot vorbei mußten. Dort, auf dem Halleplatz, hatte wie

jedes Jahr ein fliegender Jahrmarkt, die ›Meß‹ genannt, seine Karusselle, Rutschbahnen, Zucker- und Schaustellerbuden aufgeschlagen, und von ferne schon hörte man das Scheppern und
Heulen, Hämmern und Rasseln der mechanischen Drehorgeln
und Musikautomaten. Ein rötlicher Glutschein schwelte über
dem Meßplatz, dessen größere Zeltbuden schon beleuchtet waren, und ein Geruch von frisch gebackenen Waffeln, gebrannten
Mandeln, gerösteten Kastanien und türkischem Honig wehte
mit dem Stank von Karbidfunzeln in der Luft.

Seltsamerweise bewirkten die Nähe und der Anblick dieses
Jux- und Rummelplatzes eine vollständige Veränderung bei
Viola. Neugierig drängte sie hin, den ganz perplexen Jeanmarie
an der Hand mit sich ziehend, ihre Augen funkelten und lachten,
es war, als hätte sie alles andere vergessen und nichts mehr im
Sinn, als immer tiefer in das Gewühl zwischen den Buden einzu-
dringen. Die beweglichen Figuren vor ›Schichtls Zaubertheater‹
und die an unsichtbaren Fäden kreisende Eule mit ihren glühen-
den Augen entlockten ihr Aufschreie des Entzückens; vor dem
mechanischen Gorilla, der in einem Glaskasten eine halbnackte
weiße Frau auf den Armen trug und dabei das Maul auf- und
zuklappte, schlug sie entsetzt die Hände vor die Augen; über die
fleischprotzenden Muskelmänner vor der Ringkämpferbude
und ihr herausforderndes Gebrüll und Gehabe wollte sie sich
ausschütten vor Gelächter und gleichzeitig vor Ekel vergehen,
bei ›Wallendas Wolfszirkus‹ lauschte sie schaudernd auf das Peit-
schenknallen und Schießen, zu den tanzenden Liliputanern starrte
sie in ehrfürchtigem Staunen hinauf, und immer wieder bat sie
Jeanmarie, ihr da und dort bei den kinderumdrängten Händlern
etwas zu kaufen: bald hielt sie viele kleine Tüten, mit heißen
Maronen, gesponnenem Zucker, rötlichen oder giftgrünen
›Meßklumpen‹ und tintenschwarzen Lakritzen in ihrem Arm
gepreßt. Jeanmarie, der den plötzlichen Umschwung ihrer
Laune und ihre schrankenlose Hingabe an die Verzauberung des
Augenblicks zuerst gar nicht begriff, folgte ihr wie in einem
Taumel, immer mehr fasziniert und mitgerissen von der Beses-
senheit ihres Schauderns, Staunens und Entzückens, ihrem

Ernstnehmen des Wunderbaren, ihrem gläubigen Gepacktsein vom Unglaublichen, dem ebensoviel Barbarisches wie Kindliches innewohnte – ja es war, wie wenn man einem schönen, engelhaft unschuldigen Kind, das sich unbeobachtet glaubt, bei einem verbotenen, gefährlichen, abgründigen Spiel zuschauen würde, und er wußte plötzlich, daß er hilflos in sie verliebt war. Schließlich veranlaßte sie ihn, mit ihr in eine obskure Bude einzutreten, die sich als ›Abnormitäten-Schau‹ anschilderte und in der es allerhand Mißgeburten und Groteskfiguren, teils echter, teils fingierter Natur, zu sehen gab: ein Kalb mit zwei Köpfen, draußen wie ein lebendiges angepriesen, das aber drinnen in Spiritus schwamm, eine Dame ohne Unterleib und eine Jungfrau mit Fischschwanz, was durch Spiegelungstricks glaubhaft gemacht wurde, die dickste Frau der Welt, vier Zentner schwer, die bayrisch sprach und freiwillige Herren aus dem Publikum auf den Armen schaukelte, einen verharschten Krüppel ohne Hände, der mit den Fußzehen seinen Kopf kratzen, die Gabel zum Munde führen, Schlösser und Riegel öffnen, eine Knallpistole abschießen und sogar die ersten Takte von ›Guter Mond‹ auf der Geige kratzen konnte. Außerdem aber, als Sensation, für deren Besichtigung man zehn Pfennige extra zahlen mußte, ein Geschöpf, das auf dem anreißerischen Plakat mit gesträubter Riesenmähne und wild aufgerissenem Raubtierrachen als ›Lionel der Löwenmensch‹ – ›halb Mensch halb Löwe‹ – abgebildet war.

Es handelte sich um einen lebenden Menschen von der Größe eines zwölfjährigen Knaben, der zwar in einer Art von Pagenkostüm steckte, aber im Lauf der Vorführung bis zum Gürtel und bis zum Knie hinauf ausgekleidet wurde und tatsächlich über und über, auch im Gesicht, das kaum den Mundschlitz und die Augen frei ließ, und auf den Armen und Händen, die in kurze spitzige Fingerchen ausliefen, mit fahlblonden pelzigen Haaren bedeckt war. Auch die Naslöcher blähten sich klein und schwärzlich unter dichtem Fell. Statt des Löwengebrülls kam aus der jämmerlichen Mundspalte, die keine Zähne sehen ließ, ein dünnes piepsiges Stimmchen, das in mühsam gestotterten

Worten den Damen und Herren Guten Tag bot und behauptete, »in-ei-ne-Lö-benn-Höl-le-ge-fun-denn« worden zu sein.

Viola betrachtete die traurige Erscheinung mit großem Ernst und – wie es schien – unter angestrengtem Nachdenken. Ihre Lebhaftigkeit war jäh verflogen, anstelle der kindlich-fühllosen Neugierde war der leidvolle, gequälte Ausdruck in ihr Gesicht zurückgekehrt.

»Glaubst du«, fragte sie Jeanmarie, »daß er wirklich in einer Löwenhöhle aufgewachsen ist?«

»Aber nein«, sagte er, »das ist doch Schwindel. So eine Mißgeburt kommt eben manchmal vor, man behauptet wohl, wenn sich schwangere Frauen an irgend etwas versehen... Mit wirklichen Löwen hat der nichts zu tun.«

»Ob sich so einer«, sagte Viola, mehr vor sich hin, »selbst ernähren könnte, wenn man ihn laufen läßt?... Gehen wir, bitte«, fügte sie hinzu, ohne eine Antwort abzuwarten.

Es war dunkler geworden, das Gewühl in den Zeltgassen und zwischen den Buden, die vorher exotisch und märchenhaft, jetzt aber nur grell und laut erschienen, hatte sich verstärkt und warf heftige, ungeduldige Stoßwellen. Etwas Böses, Rohes, Hinterhältiges lag in der Luft, es war, als drängten sich die Leute, um grinsend einer Folterung beizuwohnen, mit weißen, aufgerissenen Gesichtern, die Stimmen der Ausrufer gellten wie Schmerzensschreie in das brutale Hämmern der Karusselle. Es gab keine Menschenstimmen mehr, alles meckerte, gackerte, blökte, krächzte durcheinander. Jeanmarie hielt Viola fest an seinem Arm, dem Ausgang zustrebend. Vor der Bude des Kölner-Hennesje-Theaters brüllte ein schon gurgelheiserer Marktschreier, mit verschmiertem Gesicht, der ein Papiermaché-Schwein um seinen Bauch gebunden hatte und damit wilde Galoppsprünge vollführte, als ob er darauf ritte – unentwegt auf die Pauke hauend –, den Refrain eines damals umgehenden, ordinären Gassenhauers:

Widdewidd-bumbum, widdewidd-bumbum,
Die Liebe bringt die Weibsleut um.

Sein gemeiner Klang verfolgte Jeanmarie wie eine Peitsche. Viola hielt die Augen gesenkt, schaute nicht mehr zurück.

Als sie, durch die sogenannte Zuckergasse, das Ende des Jahrmarkts und fast schon die baumbestandene Rheinallee erreicht hatten, hörte man plötzlich aus einem Volkshaufen ein unartikuliertes, jauerndes Heulen, wie es von einem Betrunkenen, aber auch von einem Tier ausgestoßen werden mag, inmitten eines rüden, wüst und häßlich kreischenden Gelächters und Stimmenschwalls. Viola fuhr furchtbar zusammen, als hätte sie einen Schlag bekommen, im selben Moment reckte sie sich hoch auf und stieß aus gespitzten Lippen einen sonderbar scharfen Pfiff aus – etwa wie den Warnpfiff einer Gemse –, der aber in dem allgemeinen Getöse unterging und nur in Jeanmaries Ohr gellte. Verblüfft starrte er sie an. Ihr Arm zitterte in dem seinen, ähnlich wie er es am Sonntagmorgen verspürt hatte.

»Was ist«, fragte er ratlos, »was hast du?« – »Bitte«, sagte sie, jetzt völlig erschöpft, indem sie sich an den Stamm einer Platane lehnte, »schau nach, was da los ist...«

Jeanmarie drängte sich in den Volkshaufen, kam rasch zurück: »Sie verulken irgendeinen Besoffenen oder Verrückten«, sagte er. »Hast du ihn sehen können«, fragte sie angstvoll, »wie hat er ausgesehen?« – »Ich konnte es nicht erkennen«, sagte Jeanmarie, »er schien auf allen vieren zu kauern. Vermutlich ist ihm kotzübel, und die widerliche Bande hat ihren Spaß daran.«

Viola hatte ihre Tüten fallen lassen, die sie vorher immer noch in ihrem freien Arm trug, das klebrige Zeug rollte in den mit Fetzen von Papierschlangen und Konfetti durchfleckten Straßendreck. Schon hatte sich das Gesindel, hinter dem Opfer seiner Spottsucht her, in der Richtung zum Fischtor und zu den engeren Gassen hin verloren. Langsam führte er sie zur Haltestelle des Dampfers, wo nur wenige Menschen warteten.

Während der Überfahrt stand sie auf die Schiffsreling gelehnt, schaute in das schwarz quirlende, gischtzerfetzte Wasser. Er hielt sich neben ihr, suchte vergeblich nach einem Wort, das er ihr sagen, mit dem er ihr Gehör finden, den Ring der Abwesenheit und Isolierung durchbrechen könnte, den sie jetzt wieder um sich geschlossen hatte, nichts fiel ihm ein. Von Zeit zu Zeit streichelte er leicht ihren Arm, es sah aus, als ob sie ihre Lippen zu einem dankbaren Lächeln verzog, ihre Augen antworteten nicht. Er wußte nicht, ob sie ihn noch bemerkte. Auch auf dem Weg zum Gutshof gelang es ihm nicht, sie anzusprechen, ein paarmal versuchte er es, deutsch, italienisch, aber sie schien ihn nicht zu verstehen, sah ihn nur bittend, mit einem verzagten Ausdruck an, so daß er wieder schwieg und ihren Arm streichelte.

Der Himmel hatte sich mit tief treibenden, bauchigen Föhnwolken bedeckt, der Park lag in einer schweren, dampfenden Feuchtigkeit. Kurz bevor sie den Eingang des Hauses erreichten, blieb er stehn, nahm ihre beiden Hände, zog sie etwas näher zu sich hin. Sie schaute ihn mit ihren großen violendunklen Augen an, müde, verschattet, ließ wie ein schläfriges Kind ihren Kopf an seine Schulter sinken.

Jeanmarie hörte den Wind, der in den Baumkronen ächzte, er hörte vom Dorf das langgedehnte Schreien einer brünstigen Katze, er hörte das Blut in seinem Schädel pochen, er war sich dieses Augenblicks und seines eignen Daseins bewußt, als sei er aus sich herausgetreten und stehe neben sich selbst. Dieses Mädchen hatte ihn wahrhaft außer sich gebracht. Es war etwas an ihr und um sie, was er bisher bei keinem jungen Weib erfahren oder empfunden hatte: ein Duft von Frucht und Blüte zugleich, von Reife und Knospenhauch – die Grenze zwischen Keuschheit und Wollust schien bei ihr verwischt oder gar nicht vorhanden –, und ihr Antlitz, ihr ganzes Wesen war von einer leidenschaftlichen Tragik durchtränkt, von einer schoßgeborenen, schmerzhaften Passion, die sein Herz erschütterte, und in seinen Nerven ein Gefühl von sinnlicher Trunkenheit entfachte. Daß aber sie den Sturm seines Empfindens, überhaupt sein Dasein als Mann, offenbar gar nicht bemerkte, daß sie sich ihm gegenüber in voller Unbefangenheit gab und gleichsam vor ihm entblößte, fern aller Lockung und jeder Berührbarkeit, steigerte sein Begehren ins Unerträgliche. Hätte sie ihm jetzt ein Geständnis gemacht, durch das er zum Mitwisser eines Verbrechens, einer mörderischen Tat geworden wäre, er hätte nicht gezögert, ihr blindlings, ohne Vorbehalt, ohne Scheu vor den Folgen, gegen Recht, Gesetz und Gewissen beizustehen, nur um ihr durch Mitschuld enger verknüpft zu sein.

Eine Zeitlang standen sie so aneinandergelehnt, auch sie schien zu fühlen, daß noch irgend etwas gesagt oder geklärt werden müsse, bevor sie sich trennten.

Schließlich nahm er mit einer zarten Bewegung ihren Kopf von seiner Schulter, hob ihr Gesicht, daß sie ihm wieder in die Augen blicken mußte, fuhr ihr leicht übers Haar, von dem der seidene Schal abgeglitten war.

»Ich habe dich«, begann er stockend, »mit meinen Fragen erschreckt... Ich will dir alles sagen, was ich weiß...«

Sie schüttelte traurig den Kopf.

»Tue es nicht«, sagte sie leise, »es hat keinen Sinn mehr. Du kannst mir nicht helfen.«

»Willst du dich mir nicht anvertrauen?« fragte er hoffnungslos.

Sie ließ die Lider müde über ihre Augen fallen. »Vielleicht später«, sagte sie dann, »wenn alles vorüber ist.«

Bevor er sich entschließen konnte, sie zu fragen, was sie damit meine, war sie ins Haus und in ihr Zimmer hinaufgeeilt.

Als Panezza gegen Abend, nachdem er sich bei den Bekkers umgekleidet und mit einer Ausrede empfohlen hatte, die bischöfliche Bibliothek betrat, fand er Henrici an ein Stehpult aus mattem, unpoliertem Nußbaumholz gelehnt, das von einer linksseitig angebrachten Leselampe mit grünem Schirm beleuchtet wurde. Der blasse, junge Kaplan, der ihn über die breite Sandsteintreppe hinaufgeleitet hatte, zog hinter ihm die gepolsterten Doppeltüren zu. Von den dunklen Wintervorhängen der Fenster, den langen, wändefüllenden Zeilen der Buchrücken, die sich in Etagen aufwärts türmten, und der Höhe des Raums ging eine strenge, aber nicht feierliche Stille aus – die in sich ruhende Sammlung einer ganz dem Lesen und Meditieren gewidmeten Welt. Die Decke war unbeleuchtet und lag im Dämmer, kein Laut kam von außen, ein merkwürdig trockener, holziger Geruch hing in der Luft, kaum spürbar, der von den alten Bänden und Buchdeckeln stammte.

Panezza nahm sich nicht Zeit, sich auf den ihm von Henrici angebotenen Ledersessel niederzulassen, er ging nach der Begrüßung zweimal auf und ab, dann blieb er mit einem schweren Atemzug vor dem Domherrn stehen, der immer noch an der Seite seines Stehpults lehnte und seine Lesebrille auf die Stirn zurückgeschoben hatte.

»Ich«, sagte Panezza, »bin der Mörder. *Ich* habe ihn umgebracht.«

Seine Stimme hallte, da er in der Erregung sehr laut gesprochen hatte, von den Wänden und von der Decke zurück, so daß er zusammenschreckte.

»Ich habe ihn auf dem Gewissen«, fügte er leiser hinzu.

»Sie wollen sagen«, erwiderte Henrici nach einer Pause, mit einer ruhigen, gedämpften Stimme, nicht anders, als gelte es, über eine kirchengeschichtliche Frage zu diskutieren, »daß Sie sich für den Tod des jungen Bäumler irgendwie mitverantwortlich fühlen. So darf ich doch wohl Ihre Äußerung verstehen.«

»Nicht nur für seinen Tod«, sagte Panezza, der sich nun doch in den alten, mit blinden Messingknöpfen beschlagenen Backenstuhl gesetzt hatte.

Henrici nickte. Dann zog er sich auch einen Stuhl heran.

»Ich dachte es mir schon«, sagte er.

Panezza fuhr mit dem Kopf in die Höhe, sah ihn an. »*Was*«, fragte er, »haben Sie sich gedacht?«

»Nun«, sagte Henrici, ohne Lächeln, aber mit einer begütigenden Leichtigkeit, »ich habe ein starkes Gedächtnis, auch für Gesichtszüge, das sich manchmal ganz selbständig macht. Als ich den jungen Mann – den Toten – in der Sakristei liegen sah – da kam er mir plötzlich in irgendeinem Zug bekannt vor. Gleichzeitig wußte ich, daß ich ihn nie gesehen hatte. Sie aber habe ich gesehen, als Sie selbst noch sehr jung waren. Das fiel mir erst auf, als ich Sie heute morgen wiedersah – nach ziemlich langer Zeit.«

»Sie haben recht«, sagte Panezza, »er war mein Sohn.« Er schwieg, warf unwillkürlich einen Blick nach der hohen ledergepolsterten Tür.

»Es kann uns hier niemand hören«, sagte Henrici, »ich habe dafür gesorgt, daß wir nicht gestört werden. Seien Sie gewiß«, fügte er hinzu, »daß alles, was Sie hier aussprechen, unter dem Siegel des Beichtgeheimnisses steht – auch wenn Sie sich nicht dem sakramentalen Vorgang unterziehen.«

»Ich danke Ihnen«, sagte Panezza, »Sie wissen, ich bin kein großer Kirchenläufer, ich bin von Haus aus liberal erzogen, Sie werden mich wohl unter die Kategorie der Freigeister einreihen – und – wenn ich Sie bat, mich mit Ihnen aussprechen zu dürfen, so wird es mir leichter, wenn es ohne die religiöse Formel geschieht.«

»Sie meinen«, sagte Henrici lächelnd, »Mensch zu Mensch, wie man das nennt.«

»Es geht dabei schon«, sagte Panezza, »um eine Gewissensfrage, von der meine ganze weitere Existenz abhängt...« Er schaute unter sich, mit angestrengter Stirn – in der Bemühung, den richtigen Anfang zu finden. »Sie müssen verzeihen«, sagte er dann, »wenn ich hier Dinge erwähne, die Ihnen fremd und vermutlich zuwider sind...« Henrici machte eine leise Handbewegung, die andeutete, daß ihm nichts, was ein Mensch sagen könne, fremd sei. »Als die Therese«, begann Panezza, ein wenig unbeholfen und stockend, »die Therese Bäumler meine ich, in unser Haus kam – da meine Frau den kleinen Jeanmarie nicht stillen konnte, oder wollte –, war sie ein junges, kräftiges, gesundes Weibsbild – sie war nicht schön oder hübsch, aber sie hatte, schon damals, etwas Fanatisches und Maßloses, etwas – Besessenes fast, das mich ganz unvernünftig anzog und lockte... Man kann sich das wohl heute nicht mehr vorstellen«, sagte er mit einer hilflos verlegenen Geste.

»Das kann man sich«, sagte Henrici gelassen, »wohl bei vielen Frauen nach fünfundzwanzig Jahren nicht mehr.«

Panezza schien durch diese weltläufige Bemerkung sichtlich erleichtert. »Es war nicht nur das«, fuhr er, weniger verlegen, fort, »die Burschen waren wie toll hinter ihr her –«

Er zögerte eine Sekunde, in der sich eine dichte Fülle von Bildern und Eindrücken aus seinem Gedächtnis hob, ganz deutlich sah und spürte er sie, wie sie damals war, ohne daß ihre jetzige Gestalt sich dazwischen schob – mit dicken, feuchten, offenen Lippen über sehr weißen, breiten, doch etwas spitzigen Zähnen, ihre Augen hatten immer dieses heiße Glitzern, das unheimlich war, aus Trotz und Verlangen gemischt, sie pflegte, beim Waschen oder Bügeln, die Volkslieder der Gegend, die Lieder der Dienstmädchen und Bauernmägde, mit einer schleppend langgezogenen Stimme zu singen, so ganz darin vertieft, daß man nicht wußte, ob sie nicht, würde sie unterbrochen, tot umfallen müsse – und er dachte, ohne sich's klarzumachen, an Stallduft, Euterduft, Heuschoberhitze, frisch aufgepflügte, frisch gemistete Äcker, vermoosten Wald- oder Moorboden mit Schlangen und Schnecken und starkem Pilzgeruch –

»Ja«, sprach er weiter, »sie hatte etwas, das fast nicht menschlich war – und grade dadurch von einer schrecklichen, verrückten Aufreizung –, und wenn man sagen kann, heute, sie ist eine alte Hexe, so war sie eben damals eine junge Hexe, die – wenn sie begehrte und liebte – eine diabolische Kraft ausströmte – die Kraft einer völlig unberechenbaren, ich möchte sagen: vulkanisch ausbruchsfähigen Weibsnatur...

Nun«, fuhr er fort, »ich war selbst wie verrückt, ich besuchte sie nachts in ihrer Kammer, so oft ich es unbemerkt tun konnte – ich hätte sonst nie etwas Derartiges im eignen Haus getan!«

Henrici zuckte ein wenig die Achseln, als ob er sagen wolle, daß er den Unterschied zwischen eignen und fremden Häusern nicht gar so entscheidend finde.

»Das war dieselbe Zeit«, sagte Panezza, »in der mir klar wurde, daß ich mit Clotilde, meiner Frau, eigentlich gar keine Ehe führte, sie im Grund nie zur Frau gehabt hatte... Sie war die gleiche, verwöhnt-bequeme, nur mit sich selbst beschäftigte junge Dame geblieben, als die ich sie aus ihrem elterlichen Patrizierhaus in Meran heimgeführt hatte; auch die Kinder hatten uns nicht näher gebracht, vielleicht lag das an mir, und ich bitte Sie«, setzte er eifrig hinzu, »nicht zu denken, daß ich damit irgend etwas von dem, was ich zu bekennen habe, entschuldigen will...

Ich glaube«, sprach er nach kurzem Nachdenken weiter, »daß von meiner Beziehung zur Therese nie etwas bemerkt wurde, und daß auch später nie ein Verdacht aufkam. Als die Folgen sichtbar wurden – etwa um die Zeit, als Jeanmarie an die Flasche gewöhnt war und sie unser Haus wieder verließ –, sprach ich mit dem Bäumler, von dem ihr erstes Kind stammte. Ich setzte ihm eine anständige Summe und eine Rente aus, falls er sie heiraten und das neue Kind ehelich anerkennen würde, wobei ich natürlich meine eigene Vaterschaft nicht zugestand, sondern so tat, als ob ich ernstlich glaube, sie hätte es in der Zeit mit dem Bäumler gehalten – obwohl ich das Gegenteil wußte. Ich kam mir dabei sogar ziemlich nobel und großartig vor, wie wenn jemand wirklich nur für eine arme, ledige Mutter sorgt – und mit dem Bäumler hatte ich leichtes Spiel... Hier aber beginnt meine eigentliche Schuld. Ich wußte, daß sie den Bäumler verabscheute und haßte – sie hatte sich halt als junges Ding nach einer Tanzerei mit ihm eingelassen, wie das so geht... Aber einen anderen hätte ich schwerlich finden können. Sie machte mir eine furchtbare, verzweifelte Szene, als ich ihr das erklärte, während sie den Kinderwagen mit meinem kleinen Jeanmarie durch die Rheinauen schob« – (es war im April, ging es ihm durch den Kopf, die Pappeln hatten kaum angesetzt, die Frösche schrien) – »und sie hat schließlich nur um des Kindes willen nachgegeben, an dem sie dann mit einer verstiegenen Affenliebe hing.

Ich sagte bereits, es kam nie ein Verdacht auf. Es ist auch nie jemandem eine Ähnlichkeit zwischen Ferdinand und mir aufgefallen – außer Ihnen –, mag sein, daß sie erst im Tod zutage getreten ist, der ja die Züge eines Menschen gewissermaßen entblößt... Als ich an seiner Leiche stand, war mir, als sähe ich ein Stück von mir selbst. –

Sie haben gehört«, fuhr er nach einer Pause fort, »was ich

heute über seine Erziehung, seinen Fehltritt und sein Verschwinden erzählt habe. Das Entscheidende«, stieß er vor und wischte sich das plötzlich schweißbedeckte Gesicht, »habe ich nicht erzählt.

Als nämlich die Veruntreuung bei seiner Firma aufgedeckt wurde, noch bevor eine Anzeige gegen ihn ergangen war – da kam er zu mir und bat mich um das Geld. Hätte man es zurückgestellt, so hätte sich die Sache im Büro und mit seinem Chef noch regeln lassen, ohne daß er gerichtlich verfolgt worden wäre. Ich habe ihm das Geld nicht gegeben. Ich habe ihm gesagt, es sei jetzt genug und er solle verschwinden. Auf mich könne er nicht mehr rechnen. Er wußte, daß das Verhaftung und Gefängnis bedeutete. Ich wollte ihn loswerden, und jetzt war die Gelegenheit dazu. Er war nämlich schon öfters mit Geldforderungen zu mir gekommen, und ich hatte ihm mehrmals aus seinen Schulden und Schwierigkeiten herausgeholfen, zuletzt in einer recht peinlichen Affäre mit einem Mädchen, das ihn verklagen wollte, weil er es um seine Ersparnisse gebracht hatte; und dabei hatte er – ganz versteckt zuerst, dann mehr und mehr – durchblicken lassen, daß er ein Recht darauf habe, daß ich ihm helfen *müsse*. Er sprach es auch diesmal nicht aus, aber seine Art zu fordern und zu verlangen, hatte etwas ausgesprochen Erpresserhaftes, Gefährliches. Ich sagte mir damals, wenn ich ihm das Geld jetzt gebe, dann hat er mich in der Hand, dann wird er es immer wieder versuchen, und dann treibt er es immer ärger mit seinen Lumpereien, bis er doch einmal drinsitzt – ich hatte auch dafür meine moralische Rechtfertigung bereit, aber die Wahrheit ist, ich wollte ihn los sein. Er war unheimlich – wie seine Mutter als junges Ding –, man konnte sich denken, daß er auf Weiberleute gemein oder berauschend wirkte, nein beides, eins durch das andere – und für mich war er eine ständige Bedrohung.

Ich gab ihm grade so viel, daß er über die Grenze kommen konnte, und ich hoffte, er werde nie wiederkehren. Als er tot gemeldet wurde, war ich eher erleichtert – obwohl ich mir auch da schon hätte sagen können, daß ich daran schuld bin –, aber ich sagte mir, aus dem wäre doch nichts Gutes mehr geworden, und jetzt kommt er nicht mehr zurück.

Aber er ist gekommen und er wollte mir an den Kragen – irgendwie muß er dieser Sache, die er vorher wohl nur geahnt hat, sicher geworden sein. Er wollte mit mir abrechnen – hat er gesagt – und er hat es getan... Denn der Ermordete, der Tote, zwingt mich zu etwas, was er lebend nie vermocht hätte: meine Schuld zu bekennen... und ich frage mich, frage Sie, genügt es, wenn ich das in der Geborgenheit einer vertraulichen Aussprache, sozusagen im Schutze des Beichtstuhls tue? Kann ich noch weiterhin den Ehrenmann spielen, den Repräsentanten einer moralisch unantastbaren Gesellschaft, den Fürsten des lokalen Frohsinns, den König der Volksfeste, der erlaubten und honorigen Lustbarkeit – mit einem solchen Brandgeschwür am Leib? Muß ich nicht dem Gericht, wenn es zu einer öffentlichen Verhandlung kommt, die volle Wahrheit sagen – und mich vor aller Welt zu meiner Schande bekennen? Denn der tote Ferdinand – wer immer ihn umgebracht haben mag –, *ich* habe ihn doch in den Tod getrieben und, was schlimmer ist, ins Leben – aber an ihm klebt die Schande eines schlechten, unehrlichen Lebens... Soll ich den falschen Schein bestehen lassen, daß nur die armen Leute unehrlich sind? Er war mein Sohn –«

Seine Stimme brach, seine Hände klammerten sich an die Lehne des Backenstuhls. Seine Blicke waren im Raum umhergeirrt, jetzt hefteten sie sich in stummer Ratlosigkeit auf das Gesicht Henricis.

Der hatte sich, im Eifer des Zuhörens, vorgebeugt, nun stand er auf, trat zu seinem Stehpult, legte wie in Zerstreutheit seine Brille auf das dort aufgeschlagene Buch, kam zu Panezza zurück.

»Die Frage ist«, sagte er langsam, »wem wäre damit geholfen? Ich meine, wem wäre mit einem solchen Schuldbekenntnis gedient, außer vielleicht Ihrem eigenen Selbstgefühl? Die andere Frage: wem würde dadurch geschadet. Denn den Toten wecken Sie nicht mehr auf – und die Staatsanwaltschaft oder Kriminalpolizei dürfte das alles nicht weiter bringen. Mit dem jetzt geschehenen Mord hat Ihre persönliche Gewissensfrage nichts zu tun.«

»Zum mindesten«, sagte Panezza, »wäre damit eine Schuld getilgt, die nicht ungesühnt bleiben sollte – so wenig wie der Mord.«

Henrici setzte sich wieder, sah ihn lange an. »Es gibt«, sagte er schließlich, »sehr viele Arten von Schuld oder Sünde, und es gibt sehr wenige Möglichkeiten ihrer Tilgung, wenn man mit menschlichen Maßen mißt. Irdische Gerechtigkeit, die wir alle erstreben, entspricht nur bedingt der wahren, göttlichen, deren Wesen im überzeitlichen Ausgleich beruht. Das meiste Unrecht, die meisten Sünden und Vergehen, sind kaum im Gesetz und nicht einmal in den Geboten genau zu fassen – und das menschliche Gesicht, von dem man sagt, daß es ein Spiegel der Seele sei, ist in Wahrheit nichts als die Maske, hinter der sich Schuld und Unschuld in einer kaum entwirrbaren Weise vermischt. Wären Sie als Beichtender zu mir gekommen, dann müßte ich anders mit Ihnen reden. So ist es nicht meine Sache, Ihr Gewissen wachzurütteln – das hat sich schon ganz von selber wachgerüttelt... Denn das Gewissen – syneidäsis –, ich glaube, daß es eine selbstwirkende Kraft in uns ist, sogar ein Teil unserer angeborenen Natur – und wenn es das nicht wäre, sondern nur ein Ergebnis vernünftiger Überlegung, dann hätte es gar keinen Wert... Ich weiß, Sie denken anders –«

Beide schwiegen einen Augenblick.

›Warum‹, dachte Henrici, ›ist er hierhergekommen? Er glaubt an die Vernunft – an die sittliche Selbstbestimmung – und plötzlich spürte er, daß er damit allein nicht weiter kommt, weil ihm außerdem die Seele gegeben ist, diese Erinnerung an den Ursprung, dieser Quell der Unruhe und des Trostes.‹

›Warum bin ich hierhergekommen‹, dachte Panezza verwirrt.

»Ja, ich denke anders«, sagte er laut, »aber ich bin gekommen, weil ich den Rat eines klugen und verschwiegenen Menschen suchte – auch wenn er Priester ist.«

»Sie können ruhig sagen, weil er Priester ist«, erwiderte Henrici lächelnd, »denn ohne das Amt, glaube ich, das mir die Stellvertretung eines höheren Rates auferlegt, könnte ich Ihnen weder raten noch helfen. Aber ich fürchte, Sie wollen sich's wieder zu leicht machen.«

»Zu leicht«, wiederholte Panezza, mit einem ihm selbst nicht bewußten, kaum hörbaren Stöhnen in seiner Brust.

»Ich meine«, sagte Henrici, »man kann sich nicht so leicht einer Lebensschuld entledigen, indem man sie einfach abwirft, wie einen Sack voll alter Nägel, der dann anderen auf die Füße fällt... Ein Autodafé ist noch keine Tugend, eine Selbstzerstörung noch lang keine Entsühnung. *Sie* kämen sich als Märtyrer vor – und andere müßten zahlen. Ihre Kinder zum Beispiel – warum wollen Sie denen, wenn nichts Ärgeres, eine solche Verletzung ihres Empfindens zumuten – ganz ohne Not? Und all die Menschen, denen Sie durch Ihre Stellung, Ihre Wirksamkeit, etwas bedeuten – selbst wenn es nur die eines ›Fürsten des lokalen Frohsinns‹ wäre, wie Sie vorhin gesagt haben – auch das verpflichtet. Nein – es besteht kein Notstand für eine öffentliche Erörterung dieser Sache – weder im rechtlichen noch im moralischen Sinn. Vielleicht hätten Sie sich früher einmal, zu einem ganz anderen Zeitpunkt Ihres Lebens, anders entscheiden können – jetzt ist es zu spät. *Sie dürfen nicht aus Ihrer Rolle fallen!* Verstehen Sie mich?«

»Glauben Sie nicht«, sagte Panezza gequält, »daß man immer noch – auch als Mann meines Alters – ganz neu anfangen kann? Sie sagen, ich darf nicht aus meiner Rolle fallen – ich aber sage Ihnen, ich hasse, ich verabscheue diese Rolle, ich möchte endlich aus ihr heraus – *aus allem heraus*«, rief er, plötzlich fast schreiend.

»Ich bin ganz allein«, sagte er dann, wie zur Entschuldigung, »mit meiner Frau verbindet mich nichts, von meinen Kindern empfinde ich spöttische Ablehnung oder Gleichgültigkeit. Ich brauche keine Brücken abzubrechen, weil es für mich keine gibt.«

Henrici zog seine starken, weißen Brauen zusammen, für einen Augenblick war er der strenge Beichtiger, als den man ihn fürchtete – der den Menschen all ihre Schwächen und Fehler zugestand, aber keine Ausflucht und keine Vertuschung duldete.

»Ihr Gewissenskonflikt«, sagte er scharf, »ist also mehr ein Ventil – um sich aus einem Leben zu befreien, dessen Sie überdrüssig sind.«

»Aus einem liebeleeren, ungeliebten Leben«, sagte Panezza leise.

»›Aus allem heraus‹«, wiederholte Henrici, fast zornig, »*wer* möchte nicht einmal aus allem heraus, was ihn gebunden hält... Ein schlechter Priester, der nicht einmal aus der Kutte springen will – weil ihn die Last seines Amtes, die Last Gottes zu hart auf den Schultern drückt... Aber er *muß* weiter tragen, wie der Sankt Christoph sein schweres Kindlein durch den reißenden Fluß –, denn er tut es in Stellvertretung dessen, der Himmel und Erde trägt... Und ich sage Ihnen eines: *jedes* Amt – nicht nur das geistliche, auch das weltlichste –, jeder Stand, jede Stellung in der Welt, enthält eine solche Stellvertretung, die man nicht einfach aufkündigen kann.«

»Auch nicht«, fragte Panezza, »um der Liebe willen?«

»Das sind Worte«, sagte Henrici trocken, »was meinen Sie damit?«

Panezza brach plötzlich zusammen, ohne daß er ein Glied rührte oder seine aufrechte Haltung in dem Lehnstuhl veränderte. Es sah aus, als werde er einen Blutsturz oder einen Schlaganfall erleiden, seine Adern traten an den Schläfen dick hervor, seine Stirn wurde dunkel, und sein Hals schwoll an. Dann wurde er totenblaß. »Ich wollte nicht davon sprechen«, sagte er mit großer Beherrschung, »aber ich wäre wohl – ohne das – gar nicht hierher gekommen... Sie hängt an Ihnen – Sie bedeuten ihr mehr als Elternhaus und Familie...«

»Von wem reden Sie jetzt?« fragte Henrici betroffen.

Panezza neigte sich zu ihm vor, flüsterte einen Namen, so als scheue er sich, ihn auch unter vier Augen laut auszusprechen.

»Glauben Sie mir«, sagte er dann, sich zurücklehnend, »es ist zum erstenmal in meinem Leben, daß ich – so empfinde...«

»Ja, ja«, sagte Henrici – und seine Augen wurden flaumig, wie wenn man von einem Nestvogel spricht, »sie war mein Taufkind und sie ist bei mir zur Kommunion- und Firmstunde ge-

gangen – das ist noch gar nicht so lange her... Sehen Sie«, sagte
er dann, ohne wieder in seine vorherige Strenge zu verfallen –
»ich habe doch gespürt, daß es nicht nur der Bäumler war, was
Sie hierher getrieben hat...«

»Mein Gott«, murmelte Panezza, »es kam plötzlich alles zusammen...«

Henrici schwieg, wartete.

»Gleich nach der Wahl«, sagte Panezza, mit dem Gesicht eines
trotzig verzweifelten Knaben, »zu unsren Karnevalsämtern, die
am 11. November stattfand, wußten wir, daß es uns ernst
war... Es war immer ernst, es war nie eine Spielerei, oder ein
Leichtsinn –.

Sie können sich nicht vorstellen, was wir in diesen Monaten
durchgemacht haben, in denen wir immerzu gemeinsam reprä-
sentieren, das strahlende Paar spielen mußten – mit dieser Not
im Herzen – und uns höchstens einmal für eine viertel oder halbe
Stunde allein sehen und aussprechen konnten... Ich versichere
Sie«, sagte er mit einem entwaffnenden Ungeschick, »daß –
nichts geschehen ist. Nichts, was ich nicht ihr, auch Ihnen gegenüber, verantworten könnte.«

Henrici hatte wie im Nachdenken, vielleicht auch in einer Art
von Geniertheit, die Lider gesenkt. Jetzt hob er sie wieder. In
seinem Gesicht war eine Veränderung vorgegangen. Während
seine Züge sich in lebendiger Anspannung und Anteilnahme
verjüngten, trat in seine klaren, blaßgrauen Augen ein Ausdruck
unermeßlichen Alters, dem aber nichts Müdes oder Greisenhaf-
tes innewohnte. Es war das immer gegenwärtige Alter des Prie-
sterstandes, das Alter der Kirche, das Alter des Menschen-
geschlechts, des Wortes und des Gedankens.

»Da sind Sie mit einer alten Schuld hierher gekommen«, sagte
er leise, »und da hat Ihnen der Himmel – oder nennen Sie es das
Schicksal, das Leben, wie's Ihnen lieber ist – schon eine Buße
auferlegt – so schwer, wie sie kein Priester hätte erdenken können.«

»Sie meinen also...« sagte Panezza, ohne den Satz zu voll-
enden.

»Das wissen Sie doch selbst«, sagte Henrici.

Panezza schwieg. Dann lief er rot an, seine Fäuste ballten sich. »Soll ich sie«, stieß er vor, »diesem Affen überlassen, den ihre Familie, aus blödem Ehrgeiz, ihr aufschwatzen will?!«

»Wenn er ein Affe ist«, sagte Henrici ruhig, »dann wird sie ihn nicht nehmen. Sie weiß, was sie tut. Und sie hat Zeit. Sie ist erst neunzehn...«

Panezzas Hände lösten sich, hingen herab.

»Denken Sie nicht«, fuhr Henrici fort, »ich wolle den Altersunterschied betonen – das wäre das Wenigste... Aber das Mädchen – sie würde einem Kampf ausgesetzt – einem Zwist mit all ihrer gewohnten Welt –, dem sie in ihrem einfachen, lieben Herzen gar nicht gewachsen ist. Sie würde ein Opfer bringen, das Sie niemals annehmen dürfen.«

»Vielleicht«, sagte Panezza verzagt, »machen Sie sich doch keinen Begriff – von der Seelengröße dieses Mädchens.«

»Es kommt jetzt«, sagte Henrici mit einer ernsten Herzlichkeit, »vor allem auf *Ihre* Seelengröße an.«

Panezza sah eine Zeitlang vor sich hin, dann stand er auf, zog seinen Rock zurecht.

Auch Henrici stand auf, geleitete ihn zur Tür. »Leben Sie wohl«, sagte er, ihm die Hand hinreichend. »Und vergessen Sie nicht«, fügte er wie in einer plötzlichen Eingebung hinzu, »daß immer in der Welt, auf jeden Menschen, eine Seele wartet, die seiner Hilfe bedarf.«

»Ich danke Ihnen«, sagte Panezza, »für das Gespräch.« Sie drückten einander kurz und fest die Hände, dann ging Panezza.

»Haben Sie von dem Mord gehört?« fragte das Dienstmädchen Bertel, als sie am Dienstagmorgen dem Fräulein Bettine beim Frisieren half.

»Was für ein Mord?« fragte Bettine ohne besondere Neugier.

Bertel berichtete, was in der Zeitung stand, die, obwohl noch Fastnacht herrschte, an diesem Morgen zum erstenmal wieder erschienen war.

Es sei – hieß es in einer kleinen Randnotiz, neben den dick überschrifteten und reich illustrierten Schilderungen des in diesem Jahr ungewöhnlich wohlgelungenen Rosenmontagszugs, die den Großteil des Blattes füllten – am Samstagabend ein Mann (dessen Name nicht genannt war) in der Uniform eines der angesehensten hiesigen Regimenter, als er sich im Dom zur Beichte begeben wollte, von einem Unbekannten mit einem italienischen Stilett erstochen worden.

»Ist das alles, was drinsteht?« fragte Jeanmarie, der aus seinem nebenan gelegenen Ankleidezimmer, die Wangen mit Rasierschaum bedeckt, hereingetreten war. – Auf der Rückseite des Anzeigers, sagte die Bertel, stehe noch eine besondere Annonce der Kriminalpolizei, mit einer Beschreibung der Mordwaffe und des dazugehörigen, gesuchten Futterals, was Länge, Breite undsoweiter anlangt, samt einer Aufforderung, sachdienliche Angaben, auch über verdächtige Personen, die um die fragliche Zeit in der Nähe des Doms gesehen worden seien, zur Meldung zu bringen, besonders falls es sich um unbekannte Italiener handle. Die Zeitung liege im Salon, und sonst, sagte die Bertel, wisse sie nichts – beugte aber dabei ihr Gesicht tief über die Frisur ihres gnädigen Fräuleins und war froh, daß der junge Herr, ohne irgendeine Äußerung zu tun, zu seinem Rasierpinsel zurückkehrte. Ihr war nämlich die Neuigkeit schon in der Frühe von einem Hilfsgendarmen des Bezirks Walluf hinterbracht worden, der wußte, daß sie einen besonderen Spaß an Sensationsgeschichten und aufregenden Ereignissen hatte, und sich damit bei ihr beliebt zu machen hoffte – denn seit geraumer Zeit machte er ihr die Cour, ohne bisher zu seinem Ziel gekommen zu sein. Die Bertel ihrerseits, ohne sich im Moment etwas Besonderes dabei zu denken, hatte sich nicht enthalten können, dem jungen Polizisten von dem plötzlichen Besuch der sizilianischen Verwandten zu erzählen, und daß diese sich, was ihr erst im Erzählen wieder einfiel, am Samstagabend bei ihrer unerwarteten Ankunft ganz sonderbar benommen hätte.

Der junge Mann hatte daraufhin recht wichtigtuerisch sein Notizbuch gezückt, nach dem Namen des Gastes gefragt und erklärt, das müsse er sofort seiner Behörde zur Meldung bringen. Dann war er gleich gegangen, mit der Versicherung, sie mit weiteren Einzelheiten der Mordgeschichte zu versorgen, sobald er was Neues erfahren habe. ›Der will sich nur aufspielen‹, sagte sich die Bertel, und dachte nicht weiter daran. Jetzt aber, beim Anblick der Geschwister, die sich so rasch und innig mit ihrer sizilianischen Cousine angefreundet hatten, und beim Erinnern an das bleiche, leidvolle Gesicht Violas, als sie ihr vorhin das Frühstück ans Bett serviert hatte, begann ihr das Gewissen zu schlagen. Warum mußte sie auch immer so rasch mit dem Mundwerk sein! Vielleicht hatte sie eine Dummheit gemacht – die der junge Herr ihr nie verzeihen werde... Angstvoll lauschte sie auf jedes Zeichen der Haustürklingel, stets in der Erwartung, uniformierte Gendarmen – oder gar Geheimpolizisten (mit klirrenden Handschellen und Revolvern, stellte sie sich vor) – erscheinen zu sehen; aber außer dem Postboten und den gewohnten Lieferanten, der Nähmamsell und der zum Abwaschen bestellten Bäumlern – denn die Köchin hatte heut Ausgang – kam den ganzen Tag niemand. Seltsam war nur, daß bald nach dem Mittagessen ein Anruf vom Bezirksamtmann in Walluf kam, durch den die Bäumlern aufgefordert wurde, sich baldmöglichst dort einzufinden. Jeanmarie begleitete sie, da Panezza abwesend war.

Am frühen Abend war ein leichtes Familiensouper gerichtet, zu dem nur Katharina Bekker, ohne ihre Angehörigen oder ihren vorgesehenen Bräutigam, geladen war – denn heute nacht fand zum Abschluß des Karnevals der große, populäre ›Halleball‹ statt, ein riesiger Maskentanz in sämtlichen Räumen des Stadthallengebäudes – in der Fastnachtszeit nur die ›Narrhalla‹ genannt –, der für alle Stände und Schichten der Bevölkerung, für die Spitzen der Gesellschaft ebenso wie für ihre Angestellten und Dienstboten, das Ereignis des Jahres bedeutete.

Es war von langer Hand verabredet, daß Katharina den ›Halleball‹ mit ihrer Freundin Bettine gemeinsam besuchen werde – für sie die erste Gelegenheit, unbelastet von ihrer Prinzessinnenrolle und all der anstrengenden Publizität, die Fastnacht auch als Privatperson zu genießen und sich wie die andern zu amüsieren.

Katharina kam mit Panezza, beide noch in ihren Pracht-kostümen, von der nachmittägigen ›Kappefahrt‹, dem großen Korso, bei dem sie zum letztenmal, in einem eleganten Zwei-spänner auf Gummirädern bequem zurückgelehnt, als Prinz und Prinzessin repräsentierend, Mimosen- und Veilchen-sträußchen, Orangen und Mandarinen in die Menge geworfen hatten – um dann in einer kurzen, aber höchst feierlichen Zere-monie von ihrem Amt zurückzutreten und es, durch Überrei-chung des Zepters und der sonstigen Embleme an den Großrat der Närrischen Elf, der nächstjährigen Wahl zur Verfügung zu stellen.

Beim Abendessen herrschte eine gedämpfte Stimmung, trotz des spritzigen Moselweins, dem Panezza mehr als gewöhnlich zusprach – Katharina schien müde zu sein, und Frau Clotilde fühlte sich, was niemanden erstaunte, nicht wohl, da draußen Föhnwind herrschte, ließ sich mit Ei verrührten Rotwein rei-chen und zuckte bei jedem Anklingen eines Glases oder jedem Tellergeräusch wehleidig zusammen. Nur Bettine war von einer ungewöhnlichen, exaltierten Lustigkeit, die sie mit Mühe zurückhielt, solange ihre Mutter dabei war – immer wieder mußte sie ein Kichern oder Auflachen unterdrücken, und von Zeit zu Zeit flüsterte sie der neben ihr sitzenden Katharina oder auch der Bertel, die die Platten herumreichte, etwas ins Ohr. Kaum hatte Frau Clotilde die Tafel aufgehoben und sich zu ih-ren Kopfweh- und Schlaftabletten zurückgezogen, da faßte sie die beiden anderen Mädchen, Katharina und Viola, an der Hand und zog sie mit sich aus dem Zimmer und die Treppen hinauf in die Nähstuben, wo die Ballkostüme bereit lagen.

»Was hat nur Bettine«, sagte Panezza, der mit Jeanmarie bei einem Kognak und einer Zigarre zurückgeblieben war.

»Ich weiß nicht«, sagte Jeanmarie ohne Interesse, »sie hat sich wohl irgendeinen Schabernack für den Ball ausgedacht.«

»Nun«, sagte Panezza, »dann müssen wir uns allmählich auch fertig machen. Am liebsten«, fügte er mit einem unter-drückten Gähnen hinzu, »blieb ich zu Hause.«

»Warum tust du es nicht«, sagte Jeanmarie.

»Ach was«, sagte Panezza, wie in Wut auf sich selbst, und stand auf, »man soll sich nicht gehenlassen.«

»Ich muß dir noch sagen«, hielt Jeanmarie ihn zurück, »sie haben die Leiche des Ferdinand Bäumler freigegeben. Er wurde heut nachmittag über das Bezirksamt Walluf hierher gebracht – ich habe die Bäumlern dabei begleitet – und im Totenkapellchen beim Kirchhof aufgebahrt. Da du nicht hier warst, habe ich wegen der Beerdigung alles Nötige veranlaßt, auch mit dem Pfarrer gesprochen – die Beisetzung soll morgen nachmittag in aller Stille stattfinden. Natürlich habe ich auch einen Kranz bestellt, und einfach ›Familie Panezza‹ auf die Schleife drucken lassen. Oder hast du einen besonderen Wunsch?«

»Warum soll ich einen besonderen Wunsch haben«, sagte Panezza, ohne ihn anzusehn.

»Das weiß ich auch nicht«, sagte Jeanmarie, »ich habe nur gefragt.«

»Danke«, sagte Panezza kurz.

»Ein etwas makabrer Auftakt zu einem Maskenball«, murmelte er dann, nahm noch ein Glas.

»Hast du etwas Neues vom Stand der Untersuchung gehört?« fragte Jeanmarie in beiläufigem Tonfall.

»Nein«, sagte Panezza, und sah ihm plötzlich grade in die Augen, »aber ich hielt es für meine Pflicht, den Kriminalrat Merzbecher vom Besuch Violas zu verständigen. Nicht daß ich dächte, sie hätte irgend etwas damit zu tun, das ist natürlich Unsinn, aber nachdem eine öffentliche Aufforderung ergangen ist, daß alle kürzlich zugereisten Italiener sich melden sollten, schien es mir einfach korrekt.«

Jeanmarie fühlte eine lähmende Kälte in der Zwerchfellgegend.

»Das hätte schließlich«, sagte er in dem gleichen, beiläufigen Tonfall, »auch noch bis morgen Zeit gehabt.«

»Nun ja«, sagte Panezza, »ich rief ihn grade an, um nach dem Gang der Dinge zu fragen. Da ergab sich das von selbst. Er sagte, er könne mir noch nichts Näheres mitteilen, aber sie stünden im Begriff, den Clemens freizulassen.«

»Dann müßten sie doch«, sagte Jeanmarie, mit einer großen Bemühung, seine Stimme zu beherrschen, »eine andere Spur gefunden haben.«

»Möglich«, sagte Panezza abwesend, »oder sein Alibi für die genaue Zeit hat sich auf irgendeine Weise erhärtet. Dr. Merzbecher sagte, wir würden es bald erfahren.«

Jeanmarie antwortete nicht, sie standen noch einen Augenblick einander gegenüber, jeder von seinen eignen Gedanken gequält. Dann gingen beide hinauf, mehr wie wenn man sich zu einem Begräbnis als zu einem Maskenfest umzukleiden hätte.

Im Umkleidezimmer der jungen Damen droben ging es indessen sehr bewegt und lebhaft zu. Bettines aufgeregtes Kichern und Schwatzen schallte gedämpft durch die Türen, untermischt mit den verzückten, heiseren Krählauten der taubstummen Nähmamsell. Dann und wann jauchzte ein Lachen von Bertels frischer Mädchenstimme auf – denn auch sie durfte heute, zum erstenmal in ihrem Leben, gemeinsam mit den herrschaftlichen Fräuleins den Ball besuchen. Bettine aber hatte beim Abendessen einen plötzlichen Einfall gehabt, wie man diesem Tanzvergnügen – machte man es schon mit – einen besonders phantasievollen und fastnachtsmäßigen Anstrich geben könne – vielleicht hatte sie ähnliches von früheren Ballgeschichten gehört. Denn die Geschichten, die kleinen Romanzen und Abenteuer, die sich dabei abspielten, das Sich-Verstellen, Necken und Nasführen und die gegenseitige Überlistung waren ja der Witz und das Salz dieser ganzen Vermummung, und jeder war bemüht, sich möglichst so zu maskieren, daß er auch von seinen nächsten Bekannten und Angehörigen nicht erkannt oder aber mit anderen verwechselt würde. Jahrelang gingen dann noch die Anekdoten um von den besonders gelungenen Täuschungen, Späßen, Erfolgen, Reinfällen oder Blamagen, die sich in einer solchen Ballnacht ergeben hatten – so etwa, wenn ein Ehemann, seine eigne Frau nicht erkennend, wohl aber von ihr gekannt, ihr wie toll nachstellte und womöglich noch, im Glauben, er habe eine ganz fremde Eroberung gemacht und sich selbst als einen anderen ausgebend, ein verschwiegenes Rendezvous mit ihr ausmachte, um dann bei der Demaskierung von der Triumphierenden verlacht, verspottet, bestraft und schließlich begnadigt zu werden, oder ähnliches in ungezählten Varianten. Der große Jux und auch der Zauber dieser stadtumfassenden Maskenfeste bestand eben darin, daß man sie nicht als eine plumpe Gelegenheit zu erotischen Intimitäten, sondern als ein betörendes Wechselspiel empfand, eine improvisierte, extemporierte, freizügige Laienkomödie mit allseits vertauschten Rollen, bei der jeder nach besten Gaben und in vollster Laune mitzuwirken hatte.

Die Herren natürlich, die sich ungern blamieren oder vor ihren Damen bloßstellen wollten, versuchten auf jede Weise, deren Kostümierung, mit der eine riesige Geheimnistuerei getrieben wurde, herauszukriegen – eventuell durch Bestechung ihrer Zofen oder Nähfrauen, oder es gelang ihnen doch, einen Blick in die verbotene Kleiderkammer zu werfen. So wußte Katharina genau, daß sich's ihr zudringlicher Assessor ein blankes Fünfmarkstück hatte kosten lassen, um von ihrer Hausschneiderin eine Beschreibung und ein Stoffmuster ihres heutigen Kostüms zu bekommen; auch Jeanmarie hatte wohl eine Ahnung, was Viola tragen solle – und darauf war Bettines Plan aufgebaut. Die exaltierte Lustigkeit, die sich ihrer bemächtigt und ihr Gesicht mit roten Flecken durchfeuert hatte, teilte sich bald den anderen Mädchen mit, die mit nackten Armen und Schultern, in ihren weißen Hemden, Miedern und fliegenden Unterröckchen, einander beim Probieren, Ankleiden, Zumachen und Feststecken der Kostüme halfen. Sogar Viola hatte ein heißes Gesicht und zeigte lachende Lippen. Nur Katharina benutzte eine Ausrede, um sich für ein paar Minuten von den anderen zu entfernen. Dann aber beteiligte sie sich mit unverstellter Freude an dem Spaß der gegenseitigen Vergewandung. Bei Viola und Bertel war es nicht schwer, da sie fast die gleiche Figur hatten. Katharina und Bettine aber waren zwar gleich groß, jedoch war Bettine trotz ihrer dreiundzwanzig Jahre noch mädchenhaft mager und busenlos, während Katharina mit ihren neunzehn schon in schöner fraulicher Reifung schwellte, so daß die Nähmamsell in aller Eile das eine Kostüm an der und jener Stelle erweitern, das andere mit weichen Wäschestücken und Watte auspolstern mußte. Für Viola – deren Gepäck übrigens noch immer nicht gekommen war, man nahm an, daß es an einer Grenze hängengeblieben sei – war eine schwarz mit rot changierte Pierette vorgesehen, in die aber jetzt das Mädchen Bertel schlüpfte, während sie selbst sich in das kurzberockte, hemdartig anliegende, mit vielen bunten Flicken besetzte Kostüm einer Zigeunerin kleidete, das eigentlich Bertel hätte tragen sollen. Selbstverständlich wurden auch die Gesichtslarven und die Kopfbedeckungen entsprechend vertauscht, und da sie und Bertel beide dunkel- und etwas kraushaarig waren, gelang es ihnen, fast gleich aussehende Korkenzieherlocken rechts und links über ihre Ohren baumeln zu lassen.

Bettine aber und Katharina waren beide in Seide, Damast und Spitze als große Damen des Rokoko kostümiert, nur hatten sie die Farben, Rosa gegen Blau, und auch die umgekehrt gefärbten Gesichtslarven vertauscht, und ihre Haare waren unter weiten, flockigen Allongeperücken versteckt.

Man konnte sich Zeit lassen, denn der Hauptspaß pflegte erst in den späten Abendstunden zu beginnen, wenn alle Räume gedrängt voll waren und schon das Suchen derjenigen, die einander oder jemand anderen finden wollten, aufregende Verwirrung ergab – und Bettine spielte den anderen Mädchen ausführlich vor, wie sie Katharinas ›Assessor‹ springen zu lassen und zu vexieren gedachte. Viola ließ sich indessen von der schmiegsamen Bertel die landesüblichen Tanzschritte zeigen, denn von Rheinländer, Drehwalzer oder Hoppgalopp hatte sie in ihrer heimatlichen Gesellschaft nichts gelernt.

Wie üblich, fuhren die Herren, Panezza und Jeanmarie, zuerst in einem bestellten Wagen, der dann zurückeilte, um die immer etwas später erscheinenden Damen abzuholen. Panezza hatte den Wagen für den ganzen Abend gemietet, damit ihm selbst und den Mädchen das Gedränge an der überfüllten Garderobe erspart blieb: man konnte die Mäntel und Schals in der Obhut des Fahrers zurücklassen, mit dem ein sicherer Standplatz ausgemacht war. Ab ein Uhr früh, nach der Demaskierung, würde man ihn zur Heimfahrt bereit finden.

Er und Jeanmarie waren in einfache, weiße Pierrots mit Pompons und breiten Ärmelsäumen gekleidet und in verschiedenfarbige, seidene Domino-Umhänge gehüllt, mit denen auch die Farben ihrer Gesichtslarven abgestimmt waren. Erst als Panezza beim Aussteigen in seiner Manteltasche kramte, um dem Chauffeur ein Trinkgeld zu geben, fand er darin den Zettel in Katharinas Handschrift, der ihn mit ein paar Worten, warnend, von dem Kostümtausch verständigte. Der Schreck fuhr ihm nachträglich in die Glieder. Was hätte passieren können, wenn er seine Tochter mit Katharina verwechselt hätte – die er vielleicht heute zum letztenmal, wenn auch nur im Tanz und inmitten eines Menschengewimmels, in seinen Armen halten würde. Ernst und im Innersten erschüttert, knüllte er den Zettel zusammen, um ihn wegzuwerfen, dann glättete er ihn wieder und steckte ihn sich wie ein Amulett unters Gewand – während Jeanmarie, dem er nichts gesagt hatte, sich in der einströmenden Menge von ihm verlor.

Inzwischen war der Wagen zu dem Gutshof zurückgekehrt und hatte die jungen Mädchen aufgenommen, die sich, über ihren Kostümen in warme Abendmäntel oder Pelze gewickelt, lachend und schwätzend zusammendrängten. Um zur Hauptstraße zu kommen, mußte man auf dem holprigen Fahrweg am Rande des Dorfs und an der etwas außerhalb auf einer Anhöhe liegenden Kirche mit dem daran anschließenden Friedhof vorbei, an dessen alte, bröcklige Mauer ein kleines Kapellchen, zur Aufbahrung und Einsegnung der Toten, vorgebaut war. Bertel, die ihre Augen stets überall hatte, bemerkte mit Staunen, daß dort, im Leichenhäuschen, Licht brannte, was zu dieser Stunde ganz ungewöhnlich war... Von einer Leiche im Dorf hätte sie wohl gewußt. Während der Wagen, da es dort besonders tief ausgefahrene Radrinnen gab, langsam vorbeikurvte, trat aus dem von flackrigem Kerzenlicht erhellten Kapellchen eine unförmige, dunkle Gestalt und reckte plötzlich, mit einem wüst geschrienen, heiseren Fluchwort zwei drohende Krallenhände gegen die Mädchen aus. Viola schrie auf und klammerte sich an Bettine, der Fahrer schimpfte laut, weil es ihm das Steuer verriß.

»Die Bäumlern«, sagte Bertel befremdet, »was tut denn die jetzt hier?« Denn von der Rückkehr und der Heimführung des Ferdinand hatte auch sie, da ihr Wallufer Hilfsgendarm wohl den Rest des Tages im Dienst gewesen war, noch nichts erfahren.

Bettine schob das Wagenfenster herunter und ließ die Luft herein – der Wind hatte aufgefrischt, die Wolken waren verflogen, und der Himmel blitzte von unruhig zuckenden Sternen. Kurz bevor sie die Hauptstraße erreichten, sah man im Strahl der Scheinwerfer eine dorfwärts wandernde Männergestalt, die aber sofort vom Weg herunter und in den Schatten der Bäume trat. Es war Bertel gewesen, als hätte sie die Uniform eines Soldaten erkannt. Jetzt aber gab der Fahrer auf der glatten Rheinstraße Gas, und bald zeigte sich über dem dunklen Fluß der blendende Widerschein von der illuminierten Narrhalla.

Als man Clemens gegen Abend aus der Untersuchungshaft entlassen und ihm seine Uniform zurückgegeben hatte, war ihm auch mitgeteilt worden, daß die Leiche des Ferdinand inzwischen nach Nieder-Keddrich verbracht worden war. Der Kriminalrat selbst hatte ihm, in einem gelben Couvert, das Papier ausgehändigt, das die Entlassung bestätigte, weil der Verdacht gegen ihn fallengelassen worden sei – das sollte er dann bei seiner Rückmeldung in der Kaserne abgeben. Auch wurden ihm seine Habseligkeiten zugestellt, das Soldbuch, der Urlaubspaß, ein wenig Kleingeld in einem alten Lederbeutel, sowie die beiden Goldstücke, welche die Rosa gestern, am Schluß der Untersuchung, für ihn deponiert hatte. Der Kriminalrat drückte ihm mit ein paar freundlichen und aufmunternden Worten die Hand, deren Sinn er kaum erfaßte, da er auf dem Rücken seines Uniformrocks das kleine Loch gesehen hatte, nicht viel größer als der Einschnitt von einem Taschenmesser, an dessen Rändern nur ein klein wenig schwärzliches Blut klebte. Seines Bruders Blut. Während er ohne Zögern den Weg nach Hause einschlug – denn sein Urlaub lief noch bis morgen früh um sechs –, ging es ihm durch den Kopf, er müsse sich bei der Mutter Nähzeug geben lassen, oder sie bitten, den Schaden in seinem Rocktuch auszubessern. Daß ihm, wegen des Herleihens der Uniform und überhaupt, noch eine militärische Strafe bevorstand, wußte er wohl, aber er dachte nicht daran. Er konnte nichts denken. Er fühlte sich auch kaum erleichtert über seine Befreiung von dem Tatverdacht, den er nie in seiner ganzen Schwere begriffen hatte. Denn er hatte es ja nicht getan. Nur daß der Ferdinand, der grade wieder ins Leben und zu ihm Zurückgekehrte, nun wirklich tot war, spürte er wie einen Stein in seiner Brust und einen brennenden Schmerz hinter den Augen.

Erst als er den blassen, zitternden Lichtschein in dem vergitterten Fenster des Totenkapellchens sah, wurde ihm klar, daß ja der Ferdinand dort aufgebahrt sei, und daß er wohl auch die Mutter dort finden werde. Eine Zeitlang blieb er auf der verwitterten Stufe vor der geschlossenen Türe des Leichenhäuschens stehn. Es war ganz still, aber ihm war, als höre er ein leises Murmeln von drinnen. Er nahm die Mütze ab, der Nachtwind strich ihm kühl um die Stirn, dann machte er das Kreuzzeichen und drückte, mit steifen Fingern, die Türklinke herab.

Die Bäumlern kniete, mit dem Rücken zur Tür, vor einem offenen Sarg. Was darin lag, konnte er nicht sehen. Der Sarg stand quer vor dem kleinen Steinaltar. Zu seinen beiden Seiten, und rechts und links auf dem Altar, brannten je zwei große Wachskerzen. Sonst brannte nur das kleine rote Öllämpchen, das von der Decke hing. Der Luftzug fuhr beim Türöffnen über die steilen, schmalen Kerzenflammen hin und wehte sie fast um, so daß Clemens rasch die Türe hinter sich zuzog. Die Bäumlern regte sich nicht, drehte sich nicht herum, murmelte auch nicht mehr, vielleicht hatte sie bei seinem Eintritt aufgehört. Plötzlich aber – ohne den Kopf zu wenden, ohne daß sie ihn gesehen und erkannt haben konnte – sagte sie mit einer lauten, harten Stimme: »Heb dich hinweg!«

Der Clemens stand wie erstarrt, unwillkürlich hatten sich seine Hände gefaltet. Er atmete nicht, und es verfloß die Ewigkeit einer Minute.

»Heb dich hinweg!« sagte die Stimme wieder, klar und ohne Erbarmen.

»Mutter«, flüsterte er, und es schoß ihm wie eine Hoffnung durch den Kopf, daß sie ja gar nicht wisse, *wer* eingetreten sei, daß sie ihn vielleicht für einen anderen halte – für einen bösen Geist oder den Teufel...

»Ich bin es, der Clemens«, sagte er dann, vor dem Laut seiner Worte erschreckend.

Keine Antwort kam, die Knieende regte sich nicht.

Da wagte er, langsam, auf den Fußspitzen, ein paar Schritte zu ihr hin. Aber die Stimme hieb ihn zurück.

»Kain«, sagte sie schneidend, »wo ist dein Bruder Abel?«

Und plötzlich warf sie ihren Kopf herum und starrte ihm ins Gesicht mit heißen, trockenen, rotgeränderten Augen, in denen ein böses, furchtbares – ja ein lustvolles Glitzern zuckte.

»Hinweg!« fauchte sie grausam, ihre Lippen wurden naß dabei, es war, als spucke sie ihn an.

Clemens duckte den Kopf. Kein Gedanke an Abwehr, an Widerspruch, an Empörung kam in ihm auf. Statt dessen füllte sich sein leeres Herz und seine hilflose Seele mit einem immer schwereren Empfinden von Schuld und gerechter Strafe.

Täppisch kramte er in seiner Hosentasche und brachte die beiden Goldstücke hervor, dann trat er noch einen Schritt näher und hielt sie ihr auf der offenen Handfläche entgegen. »Fürs Begräbnis«, stammelte er töricht.

Da hob sich die gelbe, von Dampf und Seifenwasser verquollene Frauenhand, und schlug mit harten Fingern auf die seinen. Hell klirrend fielen die Goldstücke zu Boden.

»Judas«, zischte die Stimme, »Judas! Behalte dein Blutgeld.«

Dann wandte sich die Bäumlern zu dem offenen Sarg zurück, auf den langsam, wie ein sich ablösendes Stück Mauerwerk, ihr Kopf herabsackte.

Clemens bückte sich und nahm die Goldstücke auf, er tat es

demütig und ohne zu wissen warum, wie wenn man etwas aufhebt, das man zerbrochen hat. Dann ging er, und zog mit Vorsicht die Tür hinter sich zu.

Langsam, mit breiten Reiterschritten, stapfte er die dunkle Straße zum Rhein hinab. Als sei er selbst aber ein schwer gesatteltes Packpferd, so preßte auf seinem Rücken die unbegreifliche Schuld.

Er hatte, ging es mühsam in ihm herum, seinen Bruder nicht behütet. Er war ihm willfährig gewesen, sein Leben lang, schwach und feig wie ein Götzendiener, er hatte zu ihm, dem Jüngeren, wie zu einem Abgott aufgesehn, auch wenn er unrecht tat, und ihm bis zum Ende gehorcht, ihn aber nicht vor seinem Ende bewahrt. Er hatte ihn geliebt. Jetzt war er von seinem Grabe fortgewiesen – wohin?

Vom Ufer hörte er das schleifende Ziehen und Rollen des Stroms, und das leise Gurgeln und Glucksen, mit dem einzelne Wellen an die vergraste Böschung und unter die Wurzelklumpen der Weidenbüsche spülten. Er blieb stehen, betastete mit der Stiefelspitze einen schweren Stein, der im Straßengraben lag, bewegte ihn mit dem Fuß hin und her.

»Mit dem um den Hals«, sagte er vor sich hin, »da käme man nicht mehr hoch. Ein Toter, heißt es, zieht oft den andern nach sich.«

Er bückte sich, um den Stein aufzuheben und mit seinem Koppel festzumachen.

Da spürte er aber die beiden kühlen Goldstücke, die er – ohne es zu wissen – noch in der Hand hielt, so wie er sie von dem staubigen Boden des Leichenhäuschens aufgeklaubt hatte. Die konnte er doch nicht mitnehmen, ging es ihm durch den Sinn – so viel Geld.

Er ließ den schon halb gehobenen Stein in den Schlamm zurückplumpsen, der gierig aufschmatzte.

Dann begann er zu gehen, stromauf, er ging und ging, immer rascher, in Richtung auf die Stadt, noch wußte er nicht, daß er ein Ziel hatte, noch dachte er nichts, doch war es in ihm wie der Drang eines Fisches, der in stetem bewußtlosem Zug aus den

tiefen, vernichtenden Wässern in seichte Bäche muß, die seinen
Laich und sein Leben bewahren, es war wie der Trab hungern-
der Rudel vor Schneestürmen her, er hatte kein Gefühl, keinen
Willen, doch es trieb ihn, als wäre ein Saatwind hinter ihm drein,
dem Schoß und den Furchen der Rettung entgegen, so wie es ihn
vorher zur Mutter und zu dem Toten hingetrieben hatte.

Auf der Rheinbrücke blieb er stehn, starrte in den strahlenden
Lichterglanz um die Stadthalle her, von der man Musik und
Jubel hörte.

›Wo geh ich denn hin?‹ fragte er sich plötzlich. ›Ja, wegen dem
Geld‹, dachte er laut. ›Das soll sie wiederhaben.‹

Er vermied es, am Dom vorbeizugehn, blieb auf der Rheinstraße, bis er zum alten Holzturm kam. Von dort wandte er sich
in die schwach beleuchtete Schlossergasse und näherte sich langsam dem Kappelhof.

Es war dort ziemlich still an diesem Abend, die ausklingende
Fastnacht sog alles nach Lustbarkeit drängende Leben in die
Mitte der Stadt und ihre lauten Vergnügungsplätze hinein.

Clemens blieb im Schatten einer Seitengasse stehn, von wo er
die Reihe der rot beleuchteten, groß numerierten Häuser und
auch den Eingang des Hauses Nr. 14 sehen konnte.

Wie immer schlenderten ein paar Gruppen unentschlossener
junger Leute durch die Straßen, blieben mit einem Witzwort
stehen, wenn sich da und dort eine Tür oder ein Fenster öffnete
und ein nackter Arm ihnen zuwinkte oder aus dem Spähgitter-
chen der Türen, hinter dem die alten Pförtnerinnen saßen, ein
geflüsterter Zuruf drang, und verschwanden dann wieder nach
einigem Hin und Her. Wie immer schritt von Zeit zu Zeit eine
Männergestalt mit hochgestelltem Mantelkragen, tief in die
Stirn gedrücktem Hut, rasch und als gelte es eine Bestellung zu
erledigen, auf eine der Türen zu, hinter der sie hastig verschwand. Auch lungerten wie immer ein paar Halbwüchsige
schweigend in den Seitenstraßen herum, drückten sich scheu
hinweg, wenn das gelangweilte Polizistenpaar um die Ecke
schlurfte, kamen nach seinem Verschwinden wie Nachtfüchse
wieder hervor und starrten aus schwarz umränderten Augen zu

den geschlossenen Fenstern hin, als könnten sie die Vorhänge wegucken.

Ein solcher Bursch mit knöchelhohen Hosen und einer Schifferjacke hatte lange neben Clemens in der Seitengasse gestanden und an einem ausgegangenen Zigarettenstümpchen gesaugt. Schließlich sprach Clemens, der in seiner Uniform nicht selbst hinübergehen konnte und sich auch nicht in das Reich der Madame Guttier getraut hätte, ihn an. Er gab ihm fünfzig Pfennige und versprach ihm noch eine ganze Mark für die Besorgung, was für den Jungen eine fürstliche Prämie war. Clemens hatte die beiden Goldstücke in sein Taschentuch gewickelt und in das große gelbe Couvert gesteckt, in dem man ihm seinen Entlassungsschein übergeben hatte, dann das Couvert fest zugeklebt und dem Boten aufgetragen, daß er es nur persönlich, auch wenn er warten müsse, an Fräulein Rosa in Nr. 14 übergeben dürfe, worauf die Rosa dann ihren Namen auf das leere Couvert schreiben und ihm zurückschicken solle, damit er auch wisse, daß sie die Sendung richtig erhalten habe, und sie nicht von dem Boten veruntreut worden sei. Was in dem Umschlag und in dem Taschentuch verborgen war, sagte er ihm natürlich nicht. Er solle nur sagen, es sei von dem Dragoner.

Es dauerte nicht lang, bis der Junge wiederkam. Er brachte das leere Couvert zurück, auf dem nichts geschrieben stand. Aber das Mädchen habe gesagt, er solle warten.

»Auf was«, fragte Clemens verstört.

»Auf sie natürlich«, sagte der Junge, mit einem neugierigen Grinsen, »sie käme dann selbst.«

Clemens gab ihm die Mark, ohne ihn anzusehn, dann trat er tiefer in den Schatten und wartete. Er wußte nicht, wie lang – vielleicht eine halbe Stunde, vielleicht kürzer, vielleicht mehr. Ihm war zu Mut, als hätte er schon immer so gestanden, genau so, an dieser Gassenecke, als wäre alles schon einmal gewesen oder würde immer wieder so sein, und er spürte ein leises, kühles Schwindelgefühl, ohne daß ihm bang oder schwach war, mehr so wie wenn man träumt.

Dann ging im Haus Nr. 14 die Türe auf, und die Rosa trat

heraus, gekleidet wie beim Gericht am Montagmorgen, doch in der Hand trug sie einen Schließkorb aus Strohgeflecht, mit einem Ledergriff. Die Tür wurde von innen laut hinter ihr zugeschlagen. Sie wandte sich nicht zurück – sie schaute nur suchend nach den beiden abzweigenden Seitengassen hinüber, da sie wohl nicht genau wußte, wo er stand, und Clemens trat ein wenig aus dem Schatten hervor, ohne sich in den Laternenschein zu begeben.

Sie kam rasch herüber und wechselte den Schließkorb von der rechten in die linke Hand. Sie trug dünne Wollhandschuhe, ihm hatte man seine weißen Zwirnhandschuhe, mit dem ausgestopften Schwurfinger, wiedergegeben, und ihre Hände fanden sich und hielten sich fest, ohne daß sie die Handschuhe abnahmen. So begannen sie wortlos zu gehen, Rosa führte den Weg, und auch das war für ihn, als wäre es schon immer so gewesen, oder sei so bestimmt, und werde immer so sein. In einer Querstraße steuerte sie auf ein Haus zu, das auf einem erleuchteten Glasschild die Aufschrift ›Hotel‹ trug. Unten schien eine Wirtschaft zu sein, aus der verworrenes Lärmen und Singen tönte. Überm Eingang war ein großer schräger Schiffsanker gemalt, darunter stand: ›Gasthaus Zum Anker, Treffpunkt der Schlepperkapitäne aller Länder‹.

Das Mädchen trat nicht dort ein, sie führte ihn um das Haus herum, das in einem sehr engen, dunklen Sackgäßchen einen Hintereingang haben mochte. Erst hier blieb sie stehn, schaute ihm ins Gesicht und legte den Kopf zurück. Da küßte er sie auf den Mund.

»Ich geh nicht mehr dorthin«, sagte sie dann, an seine Schulter gelehnt – »sie kann mich nicht zwingen. Mein Zimmer ist für den ganzen Monat bezahlt, und sonst bin ich ihr nichts schuldig.«

Er sprach nichts, nickte nur.

»Bleib hier stehn«, flüsterte sie, »ich hole dich gleich.« Dann verschwand sie in der dunklen, schmalen Hintertür.

Es mußte nahe beim Winterhafen sein, man hörte ein Schiff tuten, es roch nach Rheinwasser und Teer.

Die Tür ging wieder auf, im Gang brannte jetzt ein Gaslicht, sie war allein, hielt einen Schlüssel in der Hand, führte ihn eine enge Holztreppe hinauf.

Auch im Zimmer war eine Gasflamme, die leise zischte und sang. An der Wand stand ein schmales Bett, in der Ecke ein Waschgestell, ein einzelnes Fenster ging wohl zur Straße hinaus.

Sie stellte den Schließkorb ab, hängte ihren Mantel auf einen Haken an der Tür, er hängte seine Mütze dazu, dann setzten sie sich nebeneinander auf den Bettrand, ohne sich anzufassen, sie küßten sich jetzt auch nicht. Nach einer Zeit aber, allmählich, während sie leise seinen Namen nannte, zog sie erst sich, dann ihm die Handschuhe ab, er ließ es geschehen, sie streichelte immerzu seine rechte Hand, und schließlich berührte sie ganz zart mit den Lippen seinen verkrüppelten Finger. Er zog die Hand nicht zurück, ihm war gut und leicht ums Herz.

Und ganz ohne Mühe oder Überlegen, so, als wüßten sie schon das meiste voneinander, fingen sie langsam an, sich das und jenes zu sagen, von dem, was ihnen das nächste und wichtigste in ihrem Leben war und was wie von selbst aus ihren Gedanken und auf ihre Lippen trat.

In diesem Gasthaus, sagte sie, kenne sie die Wirtin, das sei eine anständige Frau, sie habe mittags oft hier gegessen. Die werde ihr jetzt auch ein Verdienst verschaffen, vielleicht zuerst in einer Wäscherei, denn nach der Fastnacht gäbe es viel zu waschen, dann vielleicht in einem Geschäft. Sie hätte schon lange dort weg gewollt. Ein bißchen hätte sie sich gespart, und jetzt noch das Geld von ihm, damit könne sie sich ein kleines Zimmer mieten, wo er immer bei ihr sein könne, wenn er Urlaub habe.

»Mit Urlaub«, sagte der Clemens, »wird's nicht viel werden jetzt – mehr mit Striche kloppen.« Sie würden ihm wohl noch eine Strafe geben, wegen der Uniform.

Das solle er sich nicht zu Herzen nehmen, sagte sie, er sei doch im dritten Jahr, da wär es ja bald vorüber.

»Ja«, sagte Clemens, »zu Ostern ist es herum.« Aber er wäre wohl jetzt Gefreiter geworden – und er hätte auch schon daran gedacht, dabei zu bleiben, als Unteroffizier.

»Aber nein«, sagte sie lebhaft, »beim Militär, das ist doch nichts, kein rechter Beruf und keine Zukunft, du warst doch beim Sägewerk und kennst dich aus mit Maschinen – ein Mann wie du«, sagte sie, »der kann es doch zu was bringen!«

»Ja«, sagte er mit Überzeugung, »das kann ich auch!« – und er wußte in diesem Augenblick, daß er es könne, ein Mann wie du hatte sie gesagt – daß er alles könne, wenn sie nur bei ihm blieb. Er sagte es nicht, aber sie spürte, daß er sie brauchte, und es hatte sie noch nie jemand gebraucht.

»Ich habe Glück gehabt«, sagte sie leise, »und auch immer sehr aufgepaßt, ich bin nie krank gewesen, und jetzt ist es vorbei.«

Sie atmete tief, und sie dachte bei sich, sie werde doch noch einmal zum Doktor gehen, damit sie ja ganz sicher sei, Kinder kriegen zu können. Aber sie wußte in ihrem Leib, daß alles gut war. Voll dankbarer Zuversicht strich sie ihm mit der Hand über die breiten Schultern, wie über ein großes, fest angewachsenes und von der Sonne durchwärmtes Stück Fels, mit Moosen und Farn und einem Haselstrauch, an dem man ausruhen und unter dem man auch Schutz suchen kann. Dabei spürte sie das kleine Loch im Stoff seines Waffenrocks und wußte sofort, was es war.

»Komm«, sagte sie, »ich mach dir das. Zieh ihn nur aus.«

Sie öffnete ihren Schließkorb, holte Nähzeug hervor, auch ein Fläschchen mit Fleckenwasser.

Wieder neben ihm auf dem kantigen Bettrand sitzend, wie daheim auf einer Ofenbank, reinigte und stopfte sie die kleine Schnittstelle, so gut es ging.

»Das muß dann kunstgestopft werden«, sagte sie, »es wäre schad um den Stoff. Aber du sollst nicht so hinkommen, daß man es gleich sieht.«

Er nickte, schaute ihren flinken Händen zu, lächelte. »Weißt du«, sagte er, »ich wollte schon in den Rhein.«

»Ach du«, sagte sie mit ihrem glucksenden Lachen, »der ist ja naß...« Aber dann wurde sie gleich wieder ernst. »Ich wollte auch einmal«, sagte sie, »ich glaube, es geht fast jedem einmal so. Aber man muß sich helfen...«

Er beugte sich auf ihre Hände nieder, die jetzt nach beendeter Arbeit in ihrem Schoß lagen, schmiegte seine Stirn hinein.

»Ich hab dich gleich gern gehabt«, hörte er sie sagen, »wie du herein gekommen bist und deine Schuhe haben dich so gedrückt.«

Er richtete sich auf. »Das waren nicht meine Schuhe«, sagte er.

»Nein«, sagte sie mitleidig und streichelte seine Hand. »Willst du mich denn?« fragte sie plötzlich, sich näher an ihn schmiegend.

»Ja«, sagte Clemens, und zog sie fest an sein Herz.

»Und wenn's einer herausbekommt, später, und dich verlästert, wo du dein Weib her hast?« sagte sie sorgenvoll.

»Dann kriegt er eins aufs Dach«, sagte Clemens ruhig, und sie freute sich, daß er so gut war, und so stark.

Es war kein Ofen im Zimmer, aber vielleicht lag es über der geheizten Schänk, ihm erschien es warm wie im Sommer, obwohl er in Hemdsärmeln saß. Es war ihm so leicht und wohl, er mußte gähnen.

»Du bist müde«, sagte sie zärtlich, »wann mußt du denn fort?«

»Um halb sechs muß ich dort sein«, sagte er, »am besten bleib ich wach.«

»Aber nein«, sagte sie, »du mußt schlafen.« Dann lief sie zur Tür. »Ich bin gleich zurück«, flüsterte sie, und er hörte sie die knarrende Treppe hinunterspringen.

Als sie wiederkam, hielt sie einen großen Küchenwecker in der Hand, der laut und zuverlässig tickte.

Er saß noch auf dem Bett, sie trat zwischen seine Knie, hauchte mit den Lippen über sein Gesicht.

Dann ging sie hin und löschte die Gasflamme aus.

Es kam aber durch den dünnen Kattunvorhang des Fensters noch ein schummriges Licht, wohl von der Straßenlaterne, die an der Hauswand hing.

Stumm zogen sie sich aus, jeder für sich allein.

»Leg dich nur hin«, flüsterte sie.

Er drückte sich unter der Decke ganz an die Wand, sah sie nackt vor dem Bett stehen, er sah sie klarer und deutlicher als vorhin bei vollem Licht. Ihre Augen waren feuchtbraun und rund, der Mund breit und weich, ihr Haar kastanienrötlich gelockt und die Haut sehr hell, ein wenig sommersprossig. Ihre Brüste waren sanfte weiße Hügel, mit hellbraunen Mondhöfen in der Mitte, und tief dunklen Knospen.

Eine Zeitlang lagen sie still nebeneinander, fast ohne sich zu berühren. Ein Orchestrion klapperte drunten das Seemannslos, betrunkene Stimmen jaunerten weinerlich die Lorelei. Sie hörten es nicht, sie hörten nur ihren Atem.

Endlich legte sie ihre Arme um seinen Kopf, er spürte die Wärme ihrer Haut, alle Scheu wich aus ihren Sinnen, sie umschlangen einander, wurden eins, schenkten sich die Erfüllung im Fleisch und in der Seele, die sich in tiefen befreiten Seufzern äußerte, und bei der Frau, nach einem Aufschrei, in einem Strom erlösender Tränen.

Dann schliefen sie ein, er hatte seinen Kopf zwischen ihre Brüste geschmiegt, sie hielt noch im Schlummer seine rechte Hand.

Ganz unversehens brach die Stunde der Demaskierung herein – denn jeder Ball scheint sich zuerst ins Unendliche auszudehnen, wie man es vom Weltraum und vom Strudelteig behauptet, dann schnurrt er plötzlich zusammen und rast seinem Ende zu.

Die Zeiger der großen, mit den Narrenfarben umwundenen Wanduhr, die vorher kaum von der Stelle rücken wollten, rannten einander nach. Wie von der Zeit gepeitscht, wurde das Tempo der Tänze, das hastende Umhereilen und Durcheinandergedränge der Masken, das Verfolgen, Locken und Werben, Sichumfassen und Sichherumschwingen der Paare immer stürmischer – und die kehligen oder piepsigen Kopftöne, mit denen man hinter den Larven die Stimmen zu verstellen suchte, quietschten, den Angstlauten gefangener Fledermäuse ähnlich, immer schneller und geller durch den Saal.

Für Jeanmarie klang dieses Geschrill und Gezwitscher der

Kopfstimmen, das von allen Seiten die Musik durchsetzte, erst wie der betäubende Lärm in einem exotischen Vogelhaus, dann mehr und mehr wie das unheimliche Schnattern und Kichern eines Gespensterreigens, der auf den eigenen Gräbern tanzt: als käme es aus Hälsen, deren Stimmbänder längst verdorrt, aus Kiefern und Gaumen, deren Zungen von der Verwesung gefressen sind.

Immer noch allein und den Ansprüchen tanzbegieriger Weibermasken immer wieder entweichend, irrte er durch das hitzige bunte Wirrsal hüpfender Beine, trippelnder, schlurfender Füße, gedoppelter Rücken, Hüften, Schultern – suchte und spähte nur nach *einer* Maske: der schwarzroten Pierette, mit Florschleier und rahmfarbener Larve, einem roten und einem schwarzen Strumpf, einem schwarzen und einem roten Seidenschuh.

Er hatte das Kostüm am Abend bereitliegen sehen und sich genau eingeprägt – da aber der nie abreißende Tanz, von mehreren miteinander wechselnden Kapellen begleitet, durch verschiedene Räume wogte und es viele ähnliche Masken gab, hing es vom Glück oder Zufall ab, eine bestimmte Person darunter aufzuspüren.

Auf einmal glaubte er, sie in den Armen eines als Laubfrosch verkleideten und auch solche Hupser vollführenden Tänzers zu entdecken, dessen bis zu den Hüften eng anliegende, hellgrüne Beinlinge nackt und obszön wirkten – und ihm war, als ob auch sie, die ihn ja eigentlich unter seiner Larve und in seiner wenig auffälligen Maskerade kaum erkennen konnte, zu ihm hindrängte und versuche, sich von ihrem zappligen Frosch zu befreien.

Mit verzweifeltem Eifer und wie in einem quälenden Traum sie immer wieder aus dem Gesicht verlierend, verfolgte er sie, und es schien wirklich, als würde die Schwarzrote, die inzwischen einige Male den Tänzer wechselte und schließlich allein blieb, eine Art von Spiel mit ihm treiben: bald sich ihm – fast bis zur Berührung – nähern, bald wieder ihn lockend oder auch heimlich leitend, vor ihm weglaufen.

Als er ganz außer Atem durch eine der offenen Flügeltüren drängte, hinter der sie grade, von einem Saal in den andern, verschwunden war, stand sie plötzlich neben ihm, als habe sie hinterm Türrahmen auf ihn gelauert. Sofort umfaßte er sie – und spürte, während er sie im Tanzschritt in eine stillere Ecke zu steuern suchte, ihr Herz gegen das seine pochen – sah, hinter den engen, von künstlichen Wimpern überschatteten Augenlöchern in der milchfarbenen Larve, ein heißes, nachtblaues Funkeln.

»Kennst du mich?« fragte er dicht an ihrem Ohr, und bemerkte erschreckend, daß er selbst unwillkürlich in dem hohen Zwitscherton der Zikaden gesprochen hatte... Die Maske nickte, schlang ihre Arme fester um seine Flanken. Kannst du mich verstehn, wollte er fragen, doch es wurde ihm klar, daß man in dem enormen Lärm von Musik, Tanzgespräch und Stimmen sich nur schreiend, wie Turmschwalben oder Dohlenvögel, verständigen konnte.

Jetzt waren sie einem Seitengang nahegekommen, der zwar auch von Masken durchtanzt wurde, aber einige hohe, mit Säulen gefaßte Fensternischen besaß. Aus einer solchen Nische entwich grade, vermutlich nach einem gewaltsamen Kuß, laut kreischend eine massige, silbergrün umwallte Rheintochter, von einem zottigen Alberich in wilden Faunsprüngen verfolgt. Jeanmarie drängte mit seiner Tänzerin rasch in die freigewordene, schon heftig umkämpfte Wandmulde hinein, bevor ein anderes Paar sie hätte beschlagnahmen können, und schlang die Arme um ihren Hals, wie wenn ein Verliebter sein Mädchen küssen will. Aber daran dachte er nicht, er suchte nur nach einer Möglichkeit, sich ihr verständlich zu machen, denn seit dem abendlichen Gespräch mit Panezza glaubte er die Not, die Gefahr, in der sie schwebte, fast riechen oder schmecken zu können, wie das schwelende Brenzeln eines noch nicht entdeckten, anknisternden Feuers hinter Wandgebälk... Hastig begann er – und da er laut sein mußte und immer andere Masken vorbeikamen, auf italienisch –, in sie hineinzureden, stieß alles vor, was er wußte oder zu wissen meinte, er sprach von Flucht und

Versteck, bot ihr Geld, Hilfe, Begleitung... Sie aber schüttelte nur den Kopf, daß die dunklen Drehlocken flogen – ihm war, als höre er hinter ihrer Larve ein leises, zärtliches Lachen – und dann geschah etwas, was er nie erwartet, vielleicht heimlich ersehnt, aber in diesem Augenblick nicht einmal gewünscht hatte.

Plötzlich schob sie die Larve so weit vom Kinn zurück, daß ihre Lippen frei wurden, mit der andren Hand lüpfte sie rasch den seidenen Lappen, der seine Halbmaske nach unten abschloß – und preßte kurz, heiß, heftig, ihren Mund auf den seinen. Er fühlte, sekundenlang, den feuchten Stachel ihrer Zungenspitze, den Druck und die Schneide ihrer Zähne, die saugende Kraft ihres Atems – dann hatte sie schon, mit einem Ruck ihres Nackens, die Larve wieder geschlossen, und ihr linker Arm umschlang ihn zum Tanz, während die Finger ihrer rechten Hand sich fest mit den seinen verklammerten.

Er schwang sie herum, betäubt, überwältigt, hingerissen von ihrer Liebesgewalt – all die Furcht, die Besorgnis, die eben noch in ihm gebrannt hatte, schien verflogen, oder ins Grundlose versunken – er spürte durch den leichten Stoff das Andrängen ihrer Brüste, er spürte den zarten Porenduft ihrer Achselhöhlen, den Dufthauch erregter Weiblichkeit – wie er ihn schon auf dem Meßplatz, als sie ihn durch die Zeltgassen zog, zu ahnen glaubte –, es war *ihr* Duft, *ihr* Lebenshauch – es war *ihre* nackte Hand, *ihr* holdes, betörendes Wesen, das sich ihm öffnete, verschenkte, erschloß – nicht mehr in sich gefangen wie in einem unsichtbaren Fischglas, sondern weit und frei aufgetan – *ihm* aufgetan, in einer unverhofften Antwort auf seinen zaghaften Ruf.

»Liebst du mich?« fragte er sinnlos – mit seiner natürlichen Stimme – in den schmalen Lippenspalt ihrer Larve hinein, und sie faßte ihn fester und schmiegte die Seite ihres Kopfs im Tanzen an seine Schulter.

»Viola!« rief er laut, in einer triumphierenden Seligkeit, ihm war, als sei sie verwandelt, entzaubert, von einem Bann gelöst, und er war der Prinz, der Märchenritter, der die Dornhecke durchbrochen, den Drachen getötet, den Dämon vertrieben hatte... Ein wilder, unbändiger Stolz hatte ihn gepackt, ein Rausch von Selbstgefühl und Sicherheit, und eine Lust am Dasein, die seine Jugend noch nicht gekannt hatte – denn in Wahrheit war *er* der Verwandelte, der Entpuppte, wie aus einer Hülle gebrochen. Jetzt war er nicht mehr der scheu verquälte, von nervöser Unrast durchflackerte, mit morbiden Ängsten belastete Schatten, als der er in den Sälen umhergegeistert war, sondern der Sohn seines Vaters, ein junger Mann von Geblüt, ein Liebhaber, ein Besitzergreifender, ein leichtherziger, leichtmutiger Kavalier, und er hielt sie umarmt und umfangen, mit einer Kraft des Begehrens, die allen Genuß der Liebe vorausfühlte und einbeschloß.

Im Hauptsaal wurde durch ein Megaphon wie das eines Dreimasterkapitäns der große Schlußwalzer ausgerufen, zu dem die Damen ihre Tänzer zu wählen hatten und der die letzte Viertelstunde bis zur allgemeinen Demaskierung ausfüllte. Gleichzeitig begann die ölige Stimme des städtischen Operettentenors, der neben dem Orchester postiert war, mit dem Refrain des allbekannten Schlagers aus der ›Lustigen Witwe‹:

Haab–mich–lie–b!

Panezza hatte sich in der Nähe der Kapelle auf eine der zum Podium führenden Stufen gestellt und spähte wartend in das Maskengewimmel. Mehrmals hatte er sich im Vorüberstreifen und in kurzen Tanzrunden mit Katharina verständigt, aber sie hatten sich immer wieder, wie in Angst oder Scheu oder auch, um nicht aufzufallen, nach flüchtiger Berührung getrennt. Doch wußte sie, wo er zur ›letzten Damenwahl‹ zu finden sei, und jetzt sah er sie, in dem rosafarbenen Kostüm seiner Tochter, zwischen den sich zum Schlußtanz formierenden Paaren heraneilen und hob winkend den Arm.

Sie legte ihre nackten Unterarme um seine Schultern und faltete die Hände hinter seinem Hals, er nahm sie eng um die Hüften. Die Musik wurde lauter und heißer, weil nun alle Kapellen in sämtlichen Räumen in die gleiche Walzermelodie eingestimmt waren, der klößige Operettentenor wurde von vielen Mitsingenden übertönt, überall schluchzte und tremolierte es durch die plötzlich verdunkelten, nur von farbigen Scheinwerfern bespielten Säle:

Haab–mich–lie–b!,

während die zwitschernden Gespensterstimmen, da man sich jetzt nicht mehr zu verstellen brauchte, verstummt waren.

Dachte Panezza später an die Minuten dieses Tanzes zurück, so nannte er ihn in seiner Erinnerung den ›Tanz der Eintagsfliege‹, und ihm war auch, als ob er nach diesem Tanz gestorben sei – während seine Partnerin wohl noch weiterlebte, behufs irgendeines Geschäftes, das man die Arterhaltung nennt und das ihm, Panezza, recht überflüssig erschien, zumal er selbst nicht daran beteiligt war. Jetzt aber war ihnen beiden, als würde mit und nach diesem Tanz nicht nur ihr Leben, sondern die Welt aufhören, mit allem, was man je an ihr geliebt, erahnt oder erfühlt hatte. Sie sprachen dabei nicht ein einziges Wort, sie nannten sich nicht einmal bei ihrem Namen, näherten nur manchmal ihre Gesichter so dicht, daß die Schläfen sich kurz berührten und schmerzhaft preßten, dann wieder legten sie weit ihre Köpfe zurück, daß sie durch die Schlitze der Larven ihre Augen sehen konnten. Katharinas Larve hatte sich um Augen und Mund herum von innen befeuchtet, er wußte nicht, ob von Tränen oder nur von der Wärme ihres Atems. Doch je länger sie tanzten – und sie hatten kein Bewußtsein von Zeit –, desto leichter, beschwingter, schwebender wurden die Bewegungen ihrer Glieder und das Gefühl in ihrem Innern. Es war, als lösche der gemeinsame Rhythmus, das wellenhafte Auf und Ab der Drehung und die süße, wirblige Schwindligkeit alle Gedanken aus oder zerschmelze ihre Macht, auch die des Schmerzes, des Abschieds, der Trennung – und es blieb nichts als eine unbegreifliche, aller Daseinslast enthobene Leichtheit. Ohne Absicht, wie von einem Strom getragen, näherten sie sich in einer großen Runde dem Hauptausgang des Saals, und ohne Laut, ohne Geste, auch ohne Zögern lösten sie sich voneinander, er blieb mit leeren offenen Armen zurück, sie eilte hinaus und drehte sich nicht mehr um.

Er hatte keine Empfindung in diesem Augenblick, auch sein Herz ging ruhig. So leicht – spürte er nur, und schüttelte verwundert den Kopf –, so leicht und so schnell, so ist es, so lebt und so stirbt sich's, und ihm war, als tanze er immer weiter mit ihr und der Tanz werde nie enden.

Allmählich erst merkte er, daß er allein am selben Fleck stand, wie ein Blinder mit ausgestreckten Händen – und erst allmählich begann er wieder zu sehen, was um ihn her vorging: da waren die Clowns, die Bajazzi, die Narren, die Faune, die Elfen, die Nymphen, die Mänaden, da war der juchzende, seufzende Kehraus, der Schlußwirbel und Todesschrei der Fastnacht...

Und gleichzeitig mit diesem Zurückfinden ins Gegenwärtige, das einem Aufschlagen der Lider ähnlich war, fiel eine Gestalt in seinen Blick, die ihn sofort ganz wach machte und alarmierte.

Allein, mit ineinander verflochtenen Fingern, aber so, als halte sie die Arme um einen unsichtbaren Tänzer gelegt, wiegte sie sich in einer seltsamen, manischen Traumverlorenheit, nahe der Saalwand, langsam weitergleitend, dahin... Panezza kannte dieses Zigeunerkleidchen – seine Tochter Bettine hatte es vor einem Jahr bei einem, als ›Lumpenball‹ veranstalteten Hausfest getragen, und jetzt hatte man es nach kleinen Änderungen der Bertel geschenkt... Die Bertel, dachte er – wieso hat denn die keinen Tänzer?

Im selben Moment fiel ihm der Kostümtausch der Mädchen ein – und er wußte, daß das die Bertel nicht war, nicht sein konnte: jetzt schwebte sie, einer Männermaske ausweichend, die sie haschen wollte, um eine Steinsäule herum, öffnete wieder die Arme ihrem unsichtbaren Tänzer, zog ihn mit über der Brust sich kreuzenden Händen an ihr Herz, drehte sich langsam mit ihm – und die Haltung ihres Nackens, die Bewegung ihrer sich zärtlich biegenden Hüften hatten etwas von einer verzückten Hingabe, ergreifend und schauerlich – als spiele sie, Einbildung und Wirklichkeit ganz miteinander durchtränkend, ›Hochzeit‹ und ›Tod‹ zugleich – das Verschmelzen der Seele in einer anderen, und das Entfliehen der Seele aus einem verlaßnen, vergessenen Leib – das Hinschwinden in die Nebel der Ewigkeit.

Panezza fühlte einen Schreck, wie er ihn ähnlich empfunden hatte, als man einmal aus seinem Dorf eine Frau wegschaffen mußte, die irrsinnig geworden war. Fast laufend folgte er ihr, überholte sie, trat ihr entgegen – und als sie ihm ausweichen wollte, verstellte er ihr den Weg und zog seine Larve hoch, so daß sie durch die Augenschlitze der ihren sein Gesicht sehen mußte.

»Viola«, sagte er fragend und streckte den Arm nach ihr aus.

Da sank sie an ihn hin, als habe sie endlich eine Stütze gefunden, und als er sie hielt, schob auch sie ihre Larve weg und sah ihn aus todbleichem Gesicht mit flehenden Augen an.

»Bitte«, sagte sie – und ihre Lippen formten fast lautlos das Wort, das Jeanmarie, der Sohn, seit Tagen erhofft, um das er vergeblich geworben hatte – »hilf mir!«

Ein warmes Gefühl von Ritterlichkeit, männlicher Pflicht und väterlicher Bereitschaft durchströmte Panezza – und in diesem Augenblick kehrte er selbst, ohne es zu wissen, ins Leben zurück.

Ruhig, wortlos, mit fester Hand, führte er sie aus dem Saal, die breite Freitreppe hinunter, auf den großen Platz hinaus, der jetzt fast menschenleer war, denn alles, was neugierig herumlungerte, drängte sich zu den Eingängen, um womöglich einen Blick auf die mit dem Glockenschlag fällige Demaskierung zu erhaschen.

Er spürte, wie ein Zittern durch ihren Körper lief. »Komm«, sagte er, »der Wagen wird schon da sein, dort finden wir unsere Mäntel.« Er schlug den seidenen Stoff seines Domino-Umhangs sorglich über ihre Schultern, geleitete sie zur Ecke der baumbestandenen Allee.

Das hohe, geschlossene Auto, beruhigend wie ein Schutzhaus im Walde, stand einsam am ausgemachten Platz. Sonst warteten nur ein- oder zweispännige Chaisen, und es roch angenehm nach Pferd, frischen Roßäpfeln und altem Leder.

Der Chauffeur schlief mit offenem Mund hinterm Lenkrad seines Wagens. Von der Rheinbrücke her klingelte eine späte

Straßenbahn, ernst und geruhsam begann die Domglocke, Mitternacht zu schlagen.

Als Panezza den Knöchel hob, um an die Fensterscheibe des Autos zu klopfen, sah er eine graue Gestalt, die ganz nah an einer Platane lehnte. Nun löste sie sich aus dem Schatten des Baums, wurde ein Mann in langem Mantel und Schlapphut, trat grüßend heran.

»Ach, Sie sind es!« sagte Panezza – kaum erschrocken, eher mit einem Gefühl von Erleichterung –, als er Merzbecher erkannte. Der Kriminalrat neigte den Kopf zu seinem Ohr, flüsterte ein paar Worte.

Panezza wandte sich zu Viola, die unbeteiligt an seinem Arm hing. »Dieser Herr«, sagte er, »bittet dich, ihm zur Beantwortung einiger Fragen ins Gericht zu folgen... Sei unbesorgt«, fügte er rasch hinzu, mit einem Blick zu Merzbecher, »ich bleibe bei dir!«

Merzbecher nickte und gab Viola die Hand, während Panezza dem inzwischen aufgewachten Chauffeur eine leise Anweisung erteilte und sich seinen und Violas Mantel reichen ließ.

Dann begannen sie schweigend die Rheinstraße entlang zu gehn, die Herren rechts und links, Viola in der Mitte, sie ging an Panezzas Arm mit einem stillen, gefaßten Schritt, als sei dieser Weg das Ziel ihrer Reise gewesen.

Mit dem zwölften Glockenschlag war drinnen im Saal die Walzermelodie verklungen, und sämtliche Kapellen spielten gleichzeitig und mit feierlichem Schwung – zum letztenmal in diesem Jahr – den Narrhallamarsch.

Die Tanzpaare glitten auseinander, hielten sich aber an den Händen gefaßt oder Arm in Arm untergehakt und bildeten eine selbstgeordnete Polonaise, die sich von allen Seiten auf das große Podium zu bewegte, wo die Demaskierung und anschließend die Preiskrönung der erfolgreichsten Verkleidung stattfinden sollte. Viele Unentwegte sangen zu den stimulierenden Klängen des Marsches die abgewandelte Schlußfassung:

Rizzambaa – Rizzambaa –
Bald fängt *widder* die Fassenacht aa –!

Schon hörte man da und dort das schallende Lachgeschrei, das
überraschte Quietschen und Kreischen, Schwatzen und Babbeln
von Maskenpaaren oder -gruppen, die sich einander zu erkennen gegeben hatten. Inmitten einer noch larventragenden Polo-
naisenschlange, tänzelnd und im Gehen miteinander schunkelnd
wie ein verliebtes Paar, schritten Bettine, in Katharinas hell-
blauem Kostüm, und Katharinas Assessor, der als Lohengrin
erschienen war und eine ausgestopfte Gans an einer Hundeleine
mit sich zog. Bettine war an diesem Abend auf ihre Kosten gekommen, vermutlich mehr als die meisten – ihr spaßhafter Einfall hatte sich voll ausgezahlt.

Während der ganzen Zeit hatte sie den dicklichen, in seiner
unbequemen Rüstung schwitzenden, über seine Gans stolpern-
den oder sich in ihre Leine verwickelnden Assessor in Dampf
und zum Narren gehalten – veruzt, umschmeichelt, durch wil-
des Tanzen mit anderen Masken eifersüchtig gemacht, hinter
sich her rennen lassen oder sich vor ihm versteckt, und sich an
seinem täppischen Suchen geweidet, ihm wohlausgedachte Sot-
tisen gesagt, dann wieder die verliebte Braut gespielt, sich ihm
an den Hals geworfen, und ihn schließlich, beim Schlußwalzer,
mit Seufzern der Hingabe, zärtlichen Händedrücken, schmach-
tenden Koselauten ganz von Sinnen gebracht, um den Augenblick seiner Enttäuschung, den sie sich unendlich komisch vor-
stellte, auf den letzten Effekt zu bringen. Ihm war tatsächlich
nicht der leiseste Verdacht gekommen, daß er genasführt
würde, dazu war er, in jeder Weise, viel zu vernarrt, und in sieg-
hafter Laune warf er sich jetzt in die Positur eines Opernsängers
– er hatte sich das als geistreiche Schlußpointe ausgedacht – und
schmetterte mit falschen Tönen das notorische ›Niesollstdu-
michbefragen‹ heraus, während er sein schon halb verweichtes
Visier aus bronziertem Pappdeckel heraufschob. Als er nun –
mit offenstehendem Mund – in Bettinas kalte, spöttische
Augen, in ihr von mitleidlosem Lachen verzerrtes, schon etwas

spitzig altjüngferliches Gesicht starrte – und ihm gleichzeitig klar ward, daß Katharina selbst an dem grausamen Spaß beteiligt, daß sie mit im Komplott sein mußte, daß sie ihn den ganzen Abend allein und in den Händen seines Quälgeistes gelassen hatte und auch jetzt nicht zu seinem Trost erschien, sondern verschwunden blieb – da wußte er plötzlich, daß er keine Hoffnung hatte, daß alles verloren war, daß er sie niemals besitzen werde, und er erstickte ein würgendes Schluchzen in seinem Hals unter überlautem, gackerndem Gelächter.

Inzwischen hatten Jeanmarie und seine schwarzrote Pierette, zärtlich aneinandergeschmiegt, weitab vom Hauptgetriebe in die gleiche Fensternische gefunden, wo sie ihn zuerst geküßt hatte, und nahmen – mit verliebten Fingern einander über die Haare streichelnd – sich gegenseitig die Gesichtslarven ab. Noch mit halbgeschlossenen Augen ihren Mund suchend, blickte Jeanmarie in das hübscheste Mädchengesicht, das er je gesehen hatte, von Erregung gerötet, die dunklen Wimpern niedergeschlagen, die Lippen liebeswillig geöffnet – und es dauerte eine Zeit, bis er begriff, daß es nicht das Gesicht war, das er zu küssen verlangte. Sehr langsam entfernte er seinen Kopf von dem ihren – mit einem verwirrten, noch nicht ganz ausgeträumten Blick, und es schien ihm auch wirklich, daß der Traum gar nicht aus war, daß er in seinem Herzen noch weiterträume, nicht aufhören wolle zu träumen, oder daß der Traum nur wich, um mit einem anderen Traum vertauscht, von einem anderen überlagert zu werden... Er hielt sie unverändert umschlungen, und er spürte, in einer tiefen, aber nicht enttäuschten Ratlosigkeit, daß er noch immer verliebt war – ebenso verliebt in die, welche er jetzt in den Armen hielt, wie in die *andere*, mit der er gerade noch getanzt hatte –, denn das waren für ihn, um den der Saal sich wie beim Tanzen drehte, zwei verschiedene Wesen, die erst allmählich in *eine*, erkennbare Person geronnen...

»Du, Bertel!« sagte er, mit einem befremdeten Stimmklang, und es war ihm gar nicht bewußt, daß er sie duzte, es kam ganz von selbst.

Sie hatte immer noch die Wimpern niedergeschlagen, jetzt

schob sie den Mund vor, als schmolle sie mit sich selbst, in Zer-
knirschung über ihren Streich, oder als sei sie *ihm* böse darüber –
um ihre Wangen und Augen aber, als sie sie jetzt halb öffnete,
spielte das Lächeln eines verliebten Triumphs. Sie wußte, daß er
sie küssen werde, und er küßte sie.

Ganz plötzlich schreckte er auf. »Wo ist Viola?« fragte er, es
war nicht klar, ob er sie oder sich selbst fragte. Er wartete auch
keine Antwort ab. »Komm!« sagte er brüsk. Er nahm sie an der
Hand, um suchen zu gehn – Bettine, den Vater – Viola...

Er sprach nicht mit ihr, während sie rasch durch den immer
noch menschenerfüllten Saal drängten, in dem jetzt viele Sekt-
pfropfen knallten – er wußte selbst nicht, was er dachte –, und
trotzdem wich die Verliebtheit nicht aus seinen Sinnen und seinem Gefühl, das vom Glück gekostet hatte, wenn auch vom
Glück der Narren, wenn auch von einem erspielten, erlisteten,
vorgetäuschten – dennoch vom Glück.

Als sie zum Auto kamen – nachdem Jeanmarie im Saal nur
Bettine, aber weder seinen Vater noch Viola hatte auffinden
können –, wurde ihm dort vom Chauffeur die Nachricht über-
mittelt, Herr Panezza sei noch mit der Signorina und einem Dr.
Merzbecher ausgegangen. Es könne spät werden, die Geschwister möchten ruhig nach Haus fahren, und falls Herr
Panezza den Wagen noch brauche, werde er dann beim Standplatz am Bahnhof anrufen.

»Da sind sie bestimmt zur Wocker, ins Theater-Café«, sagte
Bettine, nichtsahnend, »dort gibt es jetzt Katergulasch und Bier
– wollen wir auch noch hin?«

»Nein«, sagte Jeanmarie, während Bertel heimlich seine Hand
preßte, »ich muß früh zum Dienst – ich bringe euch jetzt nach
Hause.«

Er wußte natürlich, was die Nachricht bedeutete, aber merkwürdigerweise betraf und erschreckte ihn das nicht so sehr, wie
er geglaubt hätte. Er fühlte sich sonderbar: verwirrt, etwas
schuldbewußt, aber nicht verzweifelt. Er war besorgt um Viola,

wie er es um seine Schwester gewesen wäre – vielleicht mit einem dunkleren, beklommeneren Unterstrom –, aber es war nicht mehr, was er vor ein paar Stunden noch empfunden hätte, *sein* Schicksal, um das es ging. Er dachte an ihr bleiches, leidvolles Gesicht, und sein Herz zog sich zusammen. Dann spürte er, zwischen den beiden auf der breiten Rückbank des Wagens sitzend, das Mädchen neben sich – und er schämte sich fast, aber der leise Druck ihres Knies unter der übergebreiteten Pelzdecke erregte ihn und beglückte ihn weiter.

»Nun hör endlich auf!« herrschte er seine Schwester an, die immer noch über ihren gelungenen Spaß mit dem Assessor gickelte.

Bettine schwieg beleidigt.

»Wo Katharina wohl abgeblieben ist?« fragte sie nach einer Weile, »ich habe sie nicht mehr gesehn.«

»Sie wird müde gewesen sein«, sagte Jeanmarie, »nach all diesen Tagen.«

»Ich bin auch müde«, sagte Bettine launisch, wie ein verwöhntes, vertrotztes Kind nach einem zu schönen Fest.

Stumm fuhren sie weiter, die einsame Rheinuferstraße entlang. Auch Bertel fühlte sich schuldbewußt – aber nicht allzusehr. Es war ja nicht ihre, sondern Bettines Idee gewesen – und im Grunde vertraute sie der Kraft und dem Reiz ihres Liebesdrangs, denn sie spürte, daß Jeanmarie ihm auch jetzt nicht widerstehen konnte.

Vorm Gartentor entlohnte er den Chauffeur, damit das Einfahren des Autos über den Kiesweg seine Mutter nicht wecken könne, und an der Haustür verabschiedete er sich von Bettine, die immer noch launisch verstimmt war und über Kopfschmerzen klagte. Bertel begleitete sie in ihr Schlafzimmer, um ihr beim Ablegen des Kostüms und mit der Nachtfrisur zu helfen.

Dann ging er in seine Räume, zog rasch die Maske aus, wusch sich und kleidete sich, da er sehr früh zum Dienst mußte, in seine Uniform. Nur die Stiefel, an denen die Radsporen klirren würden, behielt er in der Hand – man war gewohnt, im Hause nachts lautlos zu gehen, auch waren alle Türangeln geölt, mit Rücksicht auf die nervöse Schlaflosigkeit von Frau Clotilde, die aber auch, wenn ein Möbel umfiel, nie etwas hörte.

So kam er ohne Geräusch die breite Stiege hinab und in den Garten. Leise ging er ums Haus herum, schaute hinauf. Bei Bettine war es schon dunkel. Aber droben in Bertels Zimmer brannte Licht. Sie war allein droben – die Köchin, deren Eltern im Dorf wohnten, hatte noch bis zum Morgen Urlaub. Er hatte an seinem Schlüsselbund auch den Türschlüssel zum Kücheneingang, von dem die Hintertreppe zu den Mädchenzimmern hinauf führte. Die Gardine an Bertels Fenster bewegte sich. Er wußte, daß sie auf ihn wartete – wartend auf den vom Lichtschimmer ihres Fensters beschienenen Gartenweg hinunter spähte. Er blieb unter den hohen Kastanien im Dunkel, stand fröstelnd. Violas Bild versuchte, sich in ihm aufzurichten – aber er konnte es nicht mehr genau erkennen. Er konnte sich jeden ihrer Züge, jede Einzelheit ihres Wesens ins Gedächtnis rufen, aber nicht mehr das Ganze, nicht ihr wahrhaftes Bild, das ihm in den Augen zerging. Die Bertel sah und erkannte er als eine ganze Person, sobald er an sie dachte. Er zuckte die Achseln, schüttelte den Kopf...

Nein, er würde jetzt nicht die Treppe hinaufschleichen. Es kam ihm genant vor, peinlich, geschmacklos. Nicht jetzt. Nicht über diese Stiege, mit den Schuhen in der Hand... Etwas hielt ihn zurück, und es waren nicht nur der Zwiespalt und die Sorge um Viola... Er dachte es nicht bewußt, aber es schwang insgeheim in ihm mit, daß wohl sein Vater einst über diese Stiege hinaufgeschlichen war, die Schuhe in der Hand, und sehr besorgt, daß keine Stufe knarrte – damals, als er das tat, was Jeanmarie immer geahnt hatte.

Mit dem Rücken an den Stamm einer Kastanie gelehnt, schlüpfte er in seine Stiefel. Dann schritt er langsam auf der weichen Grasnarbe des noch winterlichen Rasens, im Schatten der Bäume, dem Parktor zu, und wandte sich rheinwärts. In einer halben Stunde würde das sogenannte Frühboot gehen, er konnte den Rest der Nacht in der kleinen Garçonniere verbringen, die er während der Dienstzeit in der Stadt bewohnte. Sie kann mich dort besuchen, wenn sie Ausgang hat, dachte er, und warf einen Blick zu dem erleuchteten Fenster zurück. Dahinter kniff sich die Bertel vor Ungeduld und Erregung mit den Nägeln in ihre kleinen Brustwarzen, die rot waren und hart, wie die Hetschebeeren im Herbst.

Jeanmarie ging in einem Nebel, obwohl es ganz klar war, die Luft rein und frisch, der Himmel von Sternen sprühte.

Die Fragwürdigkeit dessen, was man ›die Liebe‹ nennt – oder jener exaltierten Imagination, die er sich davon gemacht hatte –, durchdrang und zersetzte sein Bewußtsein, wie mit einer auflösenden Säure.

Er hatte geglaubt, Viola zu lieben, bis zur Todbereitschaft zu lieben – und die Sinnenwärme eines Mädchens, das ihm bisher kaum des Anschauens wert war, hatte genügt, seine Not in Glück, seinen Kummer in Stolz zu verwandeln... Was aber war ›die Liebe‹, wenn sie sich verwechseln ließ und durch einen Tausch, einen Tanz, eine Maske, zum Absterben reif und zum Vergehen bereit wurde? War Liebe so brüchig, so vergänglich, wenn sie unerwidert blieb? Oder gab es doch eine andere Liebe – und wäre die dann, wahrhaft, stärker als der Tod?

Plötzlich begegnete ihm ein Wachtraum, der nichts mit alledem zu tun hatte. Es war September, die Bäume dicht belaubt, einige schon mit gelben Blättern – viele Reiter kamen auf ihn zu – graue Gestalten – eine davon er selbst – sein Gesicht, seine Hand am Zügel, immer näher, deutlicher. Dann quoll ein weißer Dampf in die Höhe, und er war nicht mehr da.

»Nicht mehr da«, sagte er laut vor sich hin. Nicht mehr da? Er konnte den Sinn nicht verstehen, und gleich darauf vergaß er das Ganze.

Im Fenster des Totenkapellchens, an dem er vorbeikam, zitterte Kerzenlicht. Es fiel ihm ein, daß heute der Ferdinand beerdigt würde. Der Ferdinand, ging's ihm durch den Kopf, oder der Jeanmarie... was liegt am Namen.

Er trat dicht heran, schaute durch das trübe, bleigefaßte Glas.

Da hockte die Bäumlern auf der Altarstufe, mit dem Rücken an den offenen Sarg gelehnt, wie jemand sitzen mochte, der

138

bewachen muß, was ihm gehört. Sie hatte die Arme überm Leib gekreuzt, er konnte nicht sehen, ob sie die Augen offen hatte, ob sie schlief oder wachte.

Sie saß in einer erstarrten, gewaltigen Schmerzhaftigkeit, die sie wie ein Steinbild in ihrem Schoß und auf ihren Zügen trug – ein hartes Götterbild der gnadlosen Liebe, des ungerechten Zorns, der Verstoßung, und des Leids der Verstoßenen.

In der Gegend des Gerichtsgebäudes waren die Straßen fast unbelebt, die Schritte hallten, die Geräusche der ausklingenden Fastnacht wehten nur fern und verworren aus der Stadt. Ein uniformierter Pförtner wartete am Seiteneingang und schloß ihnen auf – es war die gleiche Tür, durch die Panezza, am Montag um elf, als Prinz Karneval verkleidet, hinausgeeilt war. Ihm schien seitdem eine Ewigkeit vergangen, und er schlug den Kragen seines Wintermantels hoch, als sie den langen, kalten Korridor durchschritten.

Sie betraten denselben Raum, an dem am Vortag die Untersuchung stattgefunden hatte, nur schien er seltsam verändert, nackter und kahler geworden, auch roch es – was man am Tag und durch die Anwesenheit vieler Menschen weniger bemerkt hatte – nach frischem Anstrich oder Verputz. Auch Viola hatte sich fester in ihren Mantel gehüllt, der ihr Maskenkostüm völlig verdeckte, aber sie ging noch immer in einer stillen Gefaßtheit an seinem Arm, und ihr Gesicht zeigte keinen Ausdruck.

Der Pförtner hatte bereits den lautlosen Mechanismus der schweren Doppeltür in Bewegung gesetzt, die zur Leichenhalle führte, jetzt drehte er drinnen das Licht an, und der harte, kreidige Scheinwerfer stülpte sich über den gleichen Aufbahrungstisch, auf dem gestern Ferdinand gelegen hatte.

Nachdem der Pförtner gegangen war, winkte Merzbecher den beiden, näher heranzutreten – dann entfernte er vorsichtig das Tuch von der Gestalt, die Ferdinands Platz eingenommen hatte.

Es war eine kleine Gestalt, klein, breit und massig, nicht höher als ein normal gewachsener Knabe zwischen zwölf und vierzehn, doch mit kräftigen Gliedmaßen, von denen besonders die Länge und die mächtige Muskulatur der Arme auffiel. Brustkorb und Leib waren auch jetzt noch mit weißen Tüchern bedeckt, aber Arme und Beine waren unbekleidet, und zeigten dichte Behaarung, die sich bis auf die Handrücken ausdehnte. Die Hände waren derb und schwielig, mit kurzen, spitzen Fingern, sie erweckten den Eindruck von pfotenhaften Gebilden, die aber vielleicht einmal sehr flink und beweglich waren – jetzt lagen sie starr und krallig, wie die Füße eines toten Hundes. Der Kopf steckte tief und auf kurzem Hals zwischen den starken Schultern, der Mund stand ein wenig offen, so daß die großen Eckzähne hervortraten, und schien irgendwie deformiert, wie mit dem Kinn verwachsen, es war wohl das, was man einen Wolfsrachen nennt. Was vom Gesicht zu sehen war, in dessen Stirn die dunklen, struppigen Haare tief hinabreichten, hatte eine weiche, kindliche Form. Es war ein Kindergesicht – bartlos, mit stumpfer kleiner Nase und runden Wangen. Die Augen, unter dichten Brauen weit auseinanderliegend, waren geschlossen, mit sanften, wie zum Schlaf gesenkten Wimpern, die Ohren klein und weiß, und das dichte Haupthaar schien, trotz seiner Struppigkeit, gepflegt und unlängst geschnitten.

»Kennen Sie ihn?« fragte Merzbecher leise.

Viola nickte. Sie hatte ihre Lippen fest aufeinander gepreßt, man sah ihr an, daß sie mit Tränen kämpfte, doch ihre Augen blieben groß, dunkel und trocken.

Mit einer unendlich liebevollen, zärtlichen Bewegung, wie eine junge Mutter über ihr schlafendes Kind, beugte sie sich zu der stillen Gestalt, vor der Panezza ein angstvolles Grauen fühlte, und begann, das Gesicht zu streicheln – immer wieder und wieder, von den geschlossenen Augen über die Wangen herab und über den vorgewölbten, schnauzenartigen Mund und über die struppigen Haare.

»Lolfo«, sagte sie, kaum hörbar, dann preßte sie ihre Lippen wieder zusammen. Nach einiger Zeit erst schien sie sich zu fassen, hörte auf, ihn zu streicheln, und ließ ihre Hand auf seinen geschlossenen Augen ruhn. »Wenn er die Augen öffnen könnte«, sagte sie plötzlich, »er hatte schöne Augen.« Sie schaute Merzbecher an. »Was ist ihm geschehn?« fragte sie.

»Er wurde«, sagte Merzbecher in seiner ruhigen, sachlichen Art, »heute nachmittag tot hier eingeliefert, nachdem er bei einer Rauferei, in der Nähe der Baracken für die italienischen Arbeiter an der Zahlbacher Chaussee, gleich vor der Stadt, durch einen Messerstich umgekommen war. Die Arbeiter erklärten, ihn nicht zu kennen, er hatte sich ihnen offenbar in der Stadt angeschlossen, es scheint, daß man ihn zum Spaß betrunken machte und daß er einem der Italiener, der ihn gehänselt oder vielleicht auch mißhandelt hat, an die Kehle gesprungen ist. Der Mann hatte tatsächlich Bißwunden an der Kehle, und hat auf Notwehr plädiert. In seiner Tasche«, sagte er, halb zu Panezza gewandt, »fand man die gesuchte Scheide des Stiletts, mit dem der Mord am Samstag begangen wurde, die Fingerabdrücke darauf stimmen genau mit denen auf dem Handgriff der Waffe und mit den seinen überein, auch ist er von Personen, die ihn beschreiben konnten, um die genaue Zeit am Eingang des Doms gesehen worden. Es besteht also kaum ein Zweifel, daß er der Mörder ist.«

Einen Augenblick herrschte Stille, in Violas Gesicht war ein verstörter, irrer Ausdruck getreten, der allmählich dem einer furchtbaren Gewißheit wich.

»Wen – hat er gemordet?« fragte sie leise.

»Er hat«, sagte Merzbecher, »mit einem Stilett, in dessen Heft ein M eingraviert war, am Samstagabend einen Mann erstochen, der sich – wie wir vermuten – als Jeanmarie de Panezza ausgegeben hat.«

Ihre Hand fuhr zu ihrer Kehle – und dann, mit einem Laut, von dem man nicht wußte, ob er ein Weinen, ein Lachen oder ein gewaltsam unterdrückter Aufschrei war, sank sie zusammen.

Im Untersuchungsraum nebenan roch es jetzt nicht mehr nach Farbe, sondern nach starkem Kaffee, den Merzbecher auf einem Spirituskocher hatte herstellen lassen, es roch auch nach einem althergebrachten Hausmittel, ›Melissengeist‹, das aus der Nachtapotheke geholt worden war und mit dem er Violas Schläfen und Pulsadern gerieben hatte.

Der Nachtpförtner hatte aus einer der Zellen für Untersuchungshäftlinge eine Matratzenpritsche herbeigeschleppt, auf der ausgestreckt Viola allmählich wieder zum Bewußtsein gekommen war. Es brannte nur eine Stehlampe auf dem Tisch, Merzbecher hatte die grelle Deckenbeleuchtung ausgeschaltet. Beide Herren rauchten und warteten schweigend, bis Viola, an ihrem Kaffee nippend, sich erholt hatte.

»Sie wollen wissen«, sagte sie nach einiger Zeit zu Merzbecher, »wer Lolfo war –« Ihre tiefe, glockendunkle Stimme klang ruhig und fest.

»Wir fanden einen Ausweis in seiner Tasche«, sagte Merzbecher, »der ihn als Ludolfo Ferrari, Holzarbeiter auf Gut Moralto, gebürtig aus dem Dörfchen Irmini im Landkreis Palermo kennzeichnete.«

»Das stimmt«, sagte sie, »so war er getauft. Er war mein Bruder.« Sie schwieg, stellte ihre Kaffeetasse weg, schien in die Ferne zu sehn. Panezza hatte sich vorgebeugt, hielt die Hände über seinen Knien verschränkt. Dann begann Viola zu erzählen, in einem gleichmäßigen, fast unbeteiligten Tonfall.

»Die meisten Herren von Stand oder Vermögen«, fing sie an, »haben bei uns außer ihren Palazzi in der Stadt, in denen es gesittet und langweilig zugeht, kleinere oder größere Landhäuser, am Meer, oder zur Jagd in den Bergen, wo sie ohne ihre Familie, je nach ihren Geschäften, einige Wochen oder Monate des Jahres zu verbringen pflegen, um mit Freunden in ähnlichen Verhältnissen oder den Gutsbesitzern der Nachbarschaft ein Leben zu führen, wie es ihnen lustig und angemessen erscheint. Zu den ländlichen Vergnügungen, mit denen man sich die Zeit vertrieb, gehörte hauptsächlich das Verführen hübscher Bauern- oder Fischermädchen, oder auch der jungen Dienstweiber im Haus.

Die Pächter oder Majordomos waren dabei ihren Herren behilflich und machten es ihnen bequem, beim Aufspüren, Anlocken oder Zutreiben der Beute, wobei auch ihnen gelegentlich etwas in den Schoß fiel – und natürlich gebärdeten sich diese, die Subalternen, die selbst niedriger Abkunft waren, herrschaftlicher als der Herr, das heißt, nicht nach der noblen, sondern nach der herrischen Seite. Die Mutter Lolfos muß das Opfer einer solchen Herrenlaune gewesen sein. «

Sie war unwillkürlich in die Form der Vergangenheit verfallen, als erzähle sie eine Geschichte aus längst geschwundener Zeit, mit der sie selbst nichts zu tun hatte.

»Die Mädchen wurden dann, wenn man ihrer überdrüssig oder wenn eine von ihnen schwanger geworden war, sehr anständig abgefunden, bei den Schwangeren sorgte man für eine Heirat und stattete sie aus, verpachtete ihnen wohl auch zu billigem Zins ein Stückchen Land, um ihre Zukunft als Bauersleute und die des Kindes zu sichern, um das man sich dann nicht mehr weiter kümmerte.

Es lebt aber manchmal auch in den kleinen Leuten ein großer Stolz, eine Verachtung, oder sogar ein Gefühl – vielleicht hing dieses Mädchen an meinem Vater... Jedenfalls machte sie Schwierigkeiten, als es zur Abfindung kommen sollte, weigerte sich, den ihr zugedachten Contadino zu heiraten oder Geld zu nehmen, und erschien mehrmals auf dem herrschaftlichen Gut, um etwas zu fordern, was sie für ihr Recht hielt – vermutlich Liebe, auf die es ein Recht nicht gibt.

Sie soll, in Abwesenheit meines Vaters, von einem besonders brutalen Majordomo – ich habe ihn nicht mehr gekannt, er wurde dann bald entlassen – mit den großen und wilden Hunden vom Hof gehetzt worden sein, die man dort im Zwinger hielt. Sie war damals schon schweren Leibes, und die Hunde rissen ihr das Kleid vom Leib und die Haut in Fetzen. Sie gebar dann in einer Höhle und starb dabei. Das Kind fand man lebend, es hatte die Gestalt eines kleinen Hundes. «

Sie schwieg eine Weile, warf einen Blick auf die geschlossene Tür der Leichenhalle.

»Ich sagte Ihnen schon«, fuhr sie fort, »er hatte schöne Augen, groß und dunkelblau, Augen wie ich«, sagte sie ohne Eitelkeit oder Verschämtheit, »nur daran hätte man uns als Geschwister erkennen können, wenn es jemand gewollt hätte. Ich selbst habe es, auch die Geschichte seiner Mutter und seiner Geburt, von einer alten Dienerin erfahren, die von Kind auf draußen auf unsrem Landgut gelebt hatte und die es mir auf ihrem Totenbett anvertraute, obwohl ich damals selbst noch ein Kind war. Sie hatte sich des kleinen Krüppels angenommen, den man zuerst in irgendeine Anstalt geben wollte, und darauf bestanden, ihn im Gesindehof zu behalten und wie ein eigenes Kind aufzuziehen. Sie hatte ihn auch zur Taufe gebracht, aber eine Schule oder einen Religionsunterricht konnte er nicht besuchen. Er konnte kaum sprechen, eigentlich nur bestimmte Laute hervorbringen, aber er verstand alles – vor allem mich« (es traten plötzlich Tränen in ihre Augen), »und ich verstand jede seiner Äußerungen.«

Sie schwieg, bis ihre Augen trocken geworden waren und ihre Stimme sich beruhigt hatte.

»Ich war seit meinen frühen Kindertagen«, erzählte sie weiter, »aufs Landleben versessen, mir graute vor den großen Steinhallen unseres Stadthauses, die mir immer düster und feucht vorkamen – und da ich die einzige Tochter und Erbin war, beugte man sich meinem Willen und verlegte das Familienleben mehr und mehr auf den Gutshof hinaus. Und von früh auf liebte ich den kleinen, nur wenig jüngeren Lolfo, zuerst wie man ein Tier, einen Hund oder eine Katze liebt, ein zutrauliches, immer zum Spielen aufgelegtes und für jede Freundlichkeit unsagbar dankbares Geschöpf, ich hatte mehr Freude daran, mit ihm, der keine Sprache hatte, irgendwelche selbstersonnenen Phantasiespiele zu treiben, oder auch allerlei anzustellen, im Bach zu fischen, auf Bäume zu klettern, in den Ställen herumzustreichen, als mich mit wohlerzogenen, gleichaltrigen Kindern der Nachbargüter zu langweilen. Er hatte nicht nur eine ähnliche Gestalt, sondern auch den Spürsinn eines Hundes, er konnte verlorene Dinge auffinden, die dem sorgsamsten Suchen eines anderen entgangen wären – auch Menschen«, fügte sie mit einem heimlichen Schaudern hinzu. »Und er hatte eine untrügliche Witterung für gut und böse. Mit der Zeit gewöhnte man sich daran, ihn immer um mich zu sehn, und ich nahm ihn sogar auf kleinere Reisen und Ausflüge mit, wie eine Art von Kammerdiener, sosehr sich auch fremde Leute vor ihm grausen mochten. Für mich war er mehr als das. Er liebte mich, wie kein anderer auf der Welt. Seit die alte Frau gestorben war, die ihn aufgezogen hatte, war ich alles für ihn, Schutz, Zuflucht, führende Hand und ordnender Wille – und wenn ich nicht da war, arbeitete er im Holz, denn er fürchtete sich vor meinen Eltern, die ihn ungern im Haus duldeten, obwohl sie wußten, daß er harmlos war. Nur wenn man ihn verspottete und ihm Unrecht tat oder gar ihn anrührte, verwandelte sich seine Harmlosigkeit urplötzlich in die unbändige, besinnungslose Wildheit eines gereizten Tieres.

Als Jeanmarie ins Haus kam – der Falsche natürlich –, mag Lolfo ihn von Anfang an gehaßt, ihm mißtraut haben. Er spürte alles, er spürte wohl, daß er falsch war, und er, der Falsche, hatte immer Angst vor ihm. Vielleicht war es bei Lolfo auch eine Art von Eifersucht auf den fremden Mann – ich nämlich begrüßte ihn mit stürmischem Entzücken, als er zum erstenmal bei uns auftauchte und in gebrochenem Italienisch nach mir oder meinen Eltern fragte – *ich* erkannte ihn sofort und nannte ihn bei dem Namen, der für mich der seine war, bevor er selbst ihn ausgesprochen hatte: Jeanmarie.

Du erinnerst dich«, sagte sie, zu Panezza gewandt, »daß ich als vierjähriges Mädchen einen Sommer, in dem meine Eltern eine Auslandsreise machten, auf eurem Gut verbrachte. Wir haben damals täglich zusammen gespielt – es waren zwei oder drei etwa gleichaltrige Buben, Bettine hielt sich immer mehr im Haus, wir aber tobten im Garten, in den Weinbergen und im Wald herum, so oft man uns laufen ließ; und ich erinnerte mich, von diesen Buben, nur an ihn – *er* war für mich der Verwandte, der junge Herr, er *war* Jeanmarie – und er hatte mich damals schon, selbst kaum über fünf Jahre, wie eine Frau geküßt und berührt, was mich erschreckt und berauscht hatte, obwohl ich es erst später begriff... Als er jetzt vor mir stand, braunverbrannt, hoch aufgewachsen – und, wie er sagte, auf einer Weltreise begriffen –, da gab es für mich keinen Zweifel – er *ist* Jeanmarie; denn den wirklichen hätte ich nie wiedererkannt – ich hatte ihn vergessen.

Vielleicht habe ich ihn damit zu Jeanmarie gemacht – obwohl er schon mit gedruckten Karten auf diesen Namen in unser Haus kam, was ihn, zusammen mit meinem Erinnern, bei meinen Eltern genügend auswies –, vielleicht hatte auch ihn ein dunkles Erinnern oder Verlangen aus der Kindheit hergetrieben, vielleicht war es auch nur ein gemeiner Betrug, Berechnung, Gewinnsucht oder die Lust am Bösen – ich weiß es nicht. Ich weiß nur, daß ich ihm völlig verfiel – so wie ich ihm wohl schon als Kind verfallen war.

Er war nicht gewohnt, in unserer Art von Gesellschaft zu verkehren, er machte den oder jenen kleinen faux-pas – aber man hielt das eben für ›das Deutsche‹ an ihm – und er konnte, besonders den Damen gegenüber, von einer so überwältigenden und entwaffnenden, so kecken und einfältigen Liebenswürdigkeit sein, daß man ihn gern zu Gast hatte, zumal er fließend französisch und von Tag zu Tag besser italienisch sprach. Ich aber liebte ihn, mir war, als hätte ich nur auf ihn gewartet. Und ich hatte auf ihn gewartet. Er war meine erste Liebe – mein erster Mann.

Mit meiner Leidenschaft wuchs Lolfos Haß gegen ihn – ich glaube, er hatte Lolfo einmal geschlagen, als er ihm nachts den Weg zu meinem Zimmer verstellen wollte; ein andermal hatte Lolfo uns belauscht, als ich mich ihm, in einem versteckten Pavillon des großen Gartens, hingab, und wohl den Eindruck von einer Gewalttat gehabt – wovon jedoch keine Rede war...«

(Obwohl – mußte Panezza denken, während sie einen Augenblick schwieg – in jeder Liebeshandlung, jeder Hingabe, jeder Besitzergreifung etwas von einer Gewalttat enthalten ist...)

»Ich war so besinnungslos in meiner Liebe«, fuhr sie fort, »daß ich Lolfo geopfert hätte – und ich gab dem Geliebten, als ich merkte, daß er sich bedroht fühlte und nachts nicht wagte, allein aus dem Haus zu gehn, die kleine Pistole, die ich auf einsamen Spaziergängen in unsrem ziemlich wilden Gebirg zu tragen pflegte. Ich gab sie ihm nicht etwa, um Lolfo, falls er ihn angreife, zu töten – ich sagte ihm, wie sehr ich an ihm hing –, sondern um ihn notfalls in Schach zu halten; denn Lolfo wußte sehr wohl, was die geladene Waffe, wenn man sie auf ihn richtete, zu bedeuten hatte. Und Lolfo, als ob er etwas geahnt hätte, oder auch nur um meinetwillen, hielt sich seitdem zurück.

In diesen Tagen – es war schon im Februar – finden in der Umgebung alljährlich die großen Empfänge und Bälle statt, und zu einer solchen Veranstaltung, bei einflußreichen Verwandten, nahm ich ihn mit, den ich als meinen Verlobten betrachtete – und der in seinem sehr neuen Gepäck auch sehr neue Gesellschaftskleidung mitgebracht hatte. Ich wollte, bevor man es publik machte und bevor ich die endgültige Einwilligung der Eltern erbat, ihn da und dort einführen – er hatte sich selbst mit einigen jungen Herren aus den guten Kreisen angefreundet – und ich wollte mich schön machen für ihn, mit allem Glanz und allem Zauber, den ich ihm anbieten konnte. So lieh ich mir von meiner Mutter für diesen Abend den großen Familienschmuck aus, der unseren Namenszug in diamantgefaßten Rubinen trägt und von dem ich wußte, daß er mir nach der Hochzeit gehören sollte.

Auf der Heimfahrt von diesem Fest, allein mit mir in der geschlossenen Kutsche, gestand er mir plötzlich, in großer Erregung, daß er sich in der Stadt, die er öfters allein besuchte, mit anderen jungen Herren aufs Spiel eingelassen und furchtbar verloren habe – sicherlich nur weil ihm solches Glück in der Liebe beschieden sei, sagte er, und küßte meine Schultern und Hände dabei –, es handle sich um eine große Summe, für die er einen auf den nächsten Morgen fälligen Schuldschein habe ausstellen müssen und die er sich erst durch einen ausführlichen Brief von zu Hause erbitten könne; hier aber sei er erledigt und unmöglich gemacht, wenn er die Ehrenschuld nicht pünktlich begleiche, das könne er auch mir nicht antun – und er bat mich, fast weinend, ihm den Schmuck für wenige Tage zu überlassen, damit er ihn im Pfandhaus beleihen und dann, wenn man ihm das Geld überwiesen habe, wieder auslösen könne... Ich gab ihm den Schmuck... Aber zum erstenmal fühlte ich ein Mißtrauen, Schlimmeres, eine Art Abscheu vor ihm, und ich verschloß ihm in dieser Nacht meine Tür. Ich fühlte mich schlecht und elend. Ich wußte plötzlich, daß ich Mutter wurde.

Als ich am nächsten Tag, sehr spät und noch recht kränklich, herunterkam, war er verschwunden. Das heißt, er hatte sich in der Frühe ganz offiziell von meinen Eltern verabschiedet, unter der Vorgabe, er habe ein Telegramm erhalten, daß seine Mutter im Sterben liege. Mich, sagte er, habe er schon nach dem Ball verständigt und wolle mich nicht mehr stören. Er verreiste in Hast, um den ersten Zug zu erreichen, und nahm Grüße, sogar einen Brief meiner Eltern an die seinen mit.

Auch jetzt hatte ich noch nicht die Idee, daß er ein wirklicher Betrüger wäre – und ein anderer als der, für den er sich ausgegeben hatte. Immer noch, bis zum Augenblick meiner Ankunft in eurem Haus, war er für mich Jeanmarie – nur glaubte ich ihn auf schiefe Bahn, auf schlimme Wege geraten –, und ich folgte ihm mehr, um ihn zu retten, um ihm zu helfen, um die Sache mit dem Schmuckstück auf irgendeine Weise in Ordnung zu bringen, bevor sie herauskommen würde, und ihn vor den Folgen zu bewahren, als etwa um einer Rache willen, von der ich nichts in mir verspürte... Doch was ich in Wahrheit wollte, war nur, ihn wiederhaben. Denn ich liebte ihn, trotz der Empfindungen dieser Nacht, mit unverminderter Leidenschaft, und er war der Vater meines werdenden Kindes.

Es ging aufs Wochenende, ich sagte, ich wolle es – was nichts Ungewöhnliches war – bei einer Freundin am Meer verbringen, und packte nur ein, was man für einen solchen Ausflug braucht. In Anwesenheit meiner Mutter, die es nicht für nötig hielt, den Inhalt zu kontrollieren, stellte ich die leere Schmuckschachtel in die Kassette zurück, in der sie kostbare Sachen aufbewahrt: so konnte ich sicher sein, daß die Entwendung vorläufig nicht bemerkt würde.

Das war erst vor wenigen Tagen – und es war, wie ich schon sagte, für meine Eltern nichts Ungewohntes, mich für ein Wochenende oder auch länger zu meiner Freundin fahren zu lassen, in deren Elternhaus ich wohlgeborgen war, so daß ich keine Fragen oder Nachforschungen zu befürchten brauchte. Auch nahm ich Lolfo mit – ich hatte das zu diesen Besuchen schon öfters getan –, unter dessen Schutz meine Eltern mich auf den einsamsten Bergwegen sicher wußten. Ich nahm ihn nicht nur mit, um meine Reise zu verschleiern, ich wollte nicht allein sein, ich hatte eine unbestimmte Angst, vor allem, was kommen würde, auch vor der Reise selbst, und ich wollte ihn nicht allein zurücklassen, auch um ihn hatte ich Angst – eine grundlose unerklärliche Angst, als würde ich ihn, wenn ich allein führe, nicht mehr wiedersehn... Und da ich die Pistole nicht mehr besaß, nahm ich das Stilett an mich, das in einem Schrank mit andren Familienstücken aufbewahrt wurde, denn ich fühlte mich auf einer so langen Reise, wie ich sie noch nie allein unternommen hatte, in Unsicherheit, besonders wegen des Umsteigens vom Schiff in den Zug und des Gangs durch das Hafenviertel – denn wir reisten spät abends – am Abend desselben Tages, an dem der, den ich für Jeanmarie hielt, verschwunden war. Da das Stilett für meine Handtasche zu lang war, gab ich es Lolfo, der es in seiner Kleidung verbarg und der mich ja auch, sollten wir in Gefahr kommen, beschützen würde.

So fuhren wir ohne Aufenthalt hierher. Ich wußte nicht, ob der, den ich suchte, sich wirklich hierher gewandt hatte – die Geschichte von der Erkrankung seiner Mutter glaubte ich nicht –, aber ich ahnte nicht, wo sonst ich ihn hätte suchen sollen – und ich gedachte mich dir, seinem Vater, anzuvertrauen.«

Sie gab Panezza, der die Augen mit der Hand bedeckt hatte, einen warmen, dankbaren Blick.

»Am hiesigen Bahnhof«, beendete sie mit müder Stimme ihre Geschichte, »begab ich mich zu dem kleinen Auskunftsschalter, rechts vorne neben dem Hauptausgang zur Straße, um zu erfragen, wie ich am besten nach Nieder-Keddrich hinauskommen könne. Es war gegen fünf am Samstagnachmittag. Da gab Lolfo, der neben mir stand und meine Reisetasche hielt, plötzlich Laut – ich kann es nicht anders ausdrücken als mit diesem

Wort aus der Jägersprache –, er hatte schon die ganze letzte Zeit, kurz vor der Ankunft und beim Aussteigen aus dem Zug, eine merkwürdige, witternde Unruhe gezeigt; jetzt brachte er jenen Laut hervor, den ich genau von ihm kannte, wenn er etwas, oder jemanden, aufgespürt hatte – und einen anderen noch, den ich nicht kannte und bei dem mir das Blut gerann – den wilden, knurrenden, tollwütigen eines anspringenden Raubtiers.

Im gleichen Augenblick ließ er meine Tasche fallen und stürzte ins Gewühl der Straße hinaus, der Bahnhofplatz war in dieser Stunde schwarz von Menschen – und ich verlor ihn sofort aus dem Gesicht. Es war mir klar, daß er den Gesuchten entdeckt hatte – ich selbst hatte nichts von ihm gesehen –, vielleicht hatte er irgendwo einen Anschluß verpaßt und war im gleichen Zug mit uns angekommen, vielleicht ging er nur zufällig draußen vorüber. Ich versuchte, in Todesangst, Lolfo zurückzupfeifen – es gab einen bestimmten Pfiff zwischen uns, mit dem ich ihn immer und überall herbeirufen konnte –, aber er hörte mich wohl nicht mehr, und ich konnte ihm nicht folgen, weil in diesem Augenblick ein langer Zug mit halb maskierten, singenden Männern, hinter einer Kapelle her, über den Platz und die Straße hinaufmarschierte.«

»Die närrischen Rekruten«, nickte Merzbecher.

Viola schwieg. Sie hatte nichts mehr zu sagen.

»Hat Lolfo *gewußt*«, fragte Merzbecher nach einer Weile, »daß der falsche Jeanmarie – Sie verlassen hatte?«

Viola hob ungewiß die Schultern. »Er wußte alles«, flüsterte sie dann.

»Und so ist er ihm«, sagte Merzbecher vor sich hin, »auf der Ferse geblieben, und hat sich auch, dank jenes merkwürdigen Spürsinns, durch die Verkleidung nicht täuschen lassen, als er in Uniform aus der Wirtschaft kam. Ob der Verfolgte dann aus Todesangst in den uralten Schutzbann der Kirche geflüchtet ist – oder ob es etwas anderes war, das ihn plötzlich zum Dom trieb, an dessen Schwelle ihn sein Schicksal ereilt hat –, das werden wir nie erfahren.«

Er schloß das kleine Heft, in das er sich während ihrer Erzählung einige Notizen gemacht hatte.

»Ich sehe keinen Anlaß«, sagte er zu Panezza, »die junge Dame hierzubehalten. Eine Verdunkelungs- oder Fluchtgefahr liegt nicht vor – Sie werden sich ja um sie kümmern –, und es besteht kein Grund zu einer Verhaftung, da sie als Täterin nicht in Frage kommt.«

Die einzige Frage, die das Gericht noch zu klären habe, ob es einen Tatbestand der Anstiftung geben könne, was ihm aber auch zweifelhaft erscheine und wohl in jedem Fall kaum beweisbar sei. Viola könne inzwischen den Rat eines Rechtsbeistands einholen.

Er schaute Viola an, die mit anderen Gedanken beschäftigt schien.

»Er war getauft«, sagte sie plötzlich, und es war klar, daß sie von Lolfo sprach, »kann er wie ein Christ beerdigt werden – ich meine – wie ein Mensch...?«

»Ich glaube bestimmt«, sagte Panezza, »ich will mit dem Pfarrer sprechen. Wir werden ihn draußen in Nieder-Keddrich beisetzen – neben dem Ferdinand.«

»Ferdinand«, sagte Viola, ganz abwesend und in sich verloren, »wer ist das?«

Es graute schon am Himmel, und die Morgenkühle wehte vom Rhein, als Panezza sie langsam durch die Stadt führte. Sie fror, und er hielt seinen Arm und einen Teil seines eignen Mantels um ihre Schultern gelegt.

Wie Spukgestalten huschten zwischen den Häusern die letzten Masken davon, da und dort torkelten vereinzelt Betrunkene herum, mit sich selbst sprechend oder lallend, dämonische Nachtwandler. In einem Haustor versuchte ein Mann, ein laut weinendes Mädchen zu trösten.

Panezzas Kopf war wirr und müde, doch seine Gedanken beschäftigten sich brennend mit Viola, die schweigend mit ihm Schritt hielt, und ihrem künftigen Leben.

»Du sollst wissen«, sagte er nach einiger Zeit und blieb mit ihr stehen, »daß ich immer für dich sorgen würde, wenn du es brauchst – dir jede Art von Hilfe und Beistand gewähren – du wirst bei uns allezeit ein Heim finden – auch wenn du nicht mehr allein bist.«

Er faßte sie bei der Hand, und da sie kalt war, nahm er sie zwischen seine beiden warmen, festen Männerhände.

»Ich glaube«, sagte er langsam, »wenn mein Sohn alles erfährt, er würde um dich anhalten – um dem Kind einen Namen zu geben –, den Namen, der ihm zugedacht war... Ich glaube«, fügte er zögernd hinzu, »er hat dich gern.«

Viola drückte seine Hände, schüttelte mit einem traurigen Lächeln den Kopf. »Nein«, sagte sie, »das wäre zu leicht... und zu schwer.«

Sie gingen ein paar Schritte weiter.

»Ich bin nicht unschuldig«, sagte sie plötzlich – wie in einer Antwort auf seine Gedanken – »ich habe nicht alles gesagt. Nicht – das Letzte.«

Panezza schwieg. Er wußte, daß sie *ihm* jetzt nichts mehr sagen könne. Daß es für sie nur noch ein anderes, ein außermenschliches Gehör gab.

»Komm«, sagte er – einer jähen Eingebung folgend – und bog von der Rheinstraße ab, auf der sie zum Frühboot hatten gehen wollen.

Durch winklige Gassen und über stille, heimliche Plätze, an kleinen Erkerchen, edlen Häuserfronten und schweigend verschlossenen, steinumwölbten Kirchentüren vorbei, lenkte er ihre Schritte zum Dom.

Es gab nämlich damals noch, in manchen Städten am Rhein, eine alte Einrichtung, welche ›die Fastnachtsbeichte‹ hieß – die aber nur im Dom, nicht in anderen Pfarrkirchen gehört wurde. Sie sollte wohl solchen, die es in diesen Tagen zu arg getrieben hatten, die Gelegenheit zu einer sofortigen Erleichterung und Reinigung ihres Gewissens bieten, bevor der Alltag sie wieder mit anderen Sorgen belastete. Eigentlich hätte man sie ›die Aschermittwochsbeichte‹ nennen können, da sie in den ersten Dämmerstunden dieses Tages stattfand, aber der Name ›Fastnachtsbeichte‹ hatte sich erhalten, denn für konsequente Narren gehörte die ganze Nacht vom Dienstag bis zum hellen Morgen des Mittwoch noch zur Fastnacht, die erst zu Ende war, wenn nach der Frühmesse den Gläubigen das erste Aschenkreuz auf die Stirn gemalt wurde – das Zeichen der anbrechenden Passion.

Als der Domkapitular Henrici den Seiteneingang vom Liebfrauenplatz her betrat – was er seit jenem Samstag stets mit einem leisen Schauer tat –, um sich zu seinem Beichtstuhl zu begeben, schreckte er heftig zusammen. Zwischen den beiden Türen, im trüben Licht der Wandlampe schwarz wie ein Schatten, stand eine verhüllte Gestalt. Sie stand dort, als habe sie auf ihn gewartet. Näher tretend, erkannte er, daß es eine Frau war, die – offenbar über einer Maskenkleidung – einen weiten Mantel trug.

»Ich bin Viola Moralto«, sagte sie, »die Nichte des Herrn Panezza – und ich habe den Wunsch und die Bitte, mich Ihnen zu bekennen.«

Schweigend führte er sie in die noch völlig leere, nur von wenigen Wachsstöcken erhellte Kirche und forderte sie flüsternd auf, sich in einem Gebet zu sammeln, bis er in der Sakristei sein Chorhemd und seine Stola angelegt habe.

Als er zurückkam, kniete sie schon in seinem Beichtstuhl – dort, wo man am Samstag den Toten herausgehoben hatte.

»Sie können«, sagte er leise, da er ihren erregten Atem hörte, »Ihre Muttersprache benutzen, wenn Ihnen das leichter fällt. Ich habe viele Jahre in Palermo am Kirchenhistorischen Institut gelesen, und Ihr Name ist mir nicht unbekannt.«

Kürzer als vorher im Gericht, gab Viola ihm den Umriß ihrer Geschichte, deren Zusammenhänge er kannte oder ahnte und aus Andeutungen verstand. Dann aber brach, wie ein Blutstrom, in heißen Worten, deren Ton sie nicht mehr wählen und kaum noch zügeln konnte, das letzte, wahrhaftige Geständnis aus ihr hervor.

»Ich habe ihn nicht getötet«, hörte er den geborstenen, verbrannten Klang ihrer Stimme, »aber *ich habe es gewollt!* Ich wollte ihn wieder haben, – ich habe *ihn* gewollt – mit allen keuschen und unkeuschen Gedanken, mit allen heiligen und lasterhaften Wünschen der Welt – ich wollte ihn – tot oder lebendig, und wenn ich ihn nicht mehr haben konnte – lieber tot! Ich wußte nicht, daß es geschehen war – aber es ist dennoch mit meinem Willen und durch meine Schuld geschehn. Denn ich liebte ihn – ich liebte ihn tödlich, mörderisch – ich wußte nichts von der Liebe, jetzt weiß ich, sie ist eine furchtbare, eine unbarmherzige Gewalt. Und habe ich damit nicht auch die Schuld an zwei Seelen auf mich geladen – der des Mörders und der des Ermordeten – die beide unerlöst und im Zustand der Ungnade, aus dieser Welt gegangen sind?«

»Können Sie vor Ihrem Gott bekennen«, fragte Henrici, »daß Sie dem Täter keinen Befehl, keinen Auftrag zum Mord gegeben haben?«

»Mit keinem Wort«, sagte Viola, »mit keiner Silbe. Aber – ich habe es *gedacht.*«

Gedacht – ging es Henrici durch den Sinn, während er versuchte, mit den Worten seines Glaubens ihr Zuspruch und Trost zu geben – gedacht – Gedanke – Wurzel aller Schuld . . . Nicht als sie erkannten, daß sie nackt waren, verloren sie ihre Unschuld – denn Unschuld ist in aller, auch in der Mensch-Natur –, sondern als sie sein wollten wie Gott. Und will nicht der Liebende, seiner Passion verfallen, sein wie Gott – indem er das andere Leben ganz besitzen, behalten, für sich nehmen will – und nie mehr loslassen, und für immer haben – als seien ihm die Macht und die Schlüssel der Ewigkeit verliehen?

»Wir müssen uns«, sagte er zu ihr, die nun unbeweglich und unhörbaren Atems lauschte, »an die Gebote und die gesetzten Artikel unseres Glaubens halten – aber niemand kennt die Grenzen der Barmherzigkeit.

Jeder Tod, auch der des Unerlösten, trägt das Stigma des Opfertods. Vielleicht sind die beiden, um die du jetzt leidest, für dich gestorben, für deine Seele, und für die deines Kindes.

Gehe in Unschuld, und trage dein Leben. «

Er lüpfte den Vorhang, als sie den Beichtstuhl verließ. Er sah sie, gebeugten Hauptes, doch mit leichterem Schritt, gehn und aus der Kirche treten. Er sah einen fremden Mann, der herein kam, und nach einer Kniebeuge sich in der Nähe seines Beichtstuhls zur Sammlung niederließ.

In Wahrheit sah er nichts von alledem. In seine Augen war das Bild des Dragoners getreten, wie er am Samstagabend, schon mit dem Tod im Leibe, in den Dom gekommen war. Er sah ihn, mit raschen stelzigen Schritten, wie ein kurz trabendes Pferd, auf sich zueilen – er sah ihn mit dem dunklen Blutrinnsal am Mund, auf dem steinernen Sarkophag – er sah ihn mit kleinem Gesicht, gleichsam zusammengeschrumpft, auf dem Leichentisch des Gerichtes – er sah ihn als nacktes Kindlein die Welt betreten, als nackten Leichnam im Sarg.

»Ich armer, sündiger Mensch«, hatte er gesagt, und es war Henrici, als hätte er ihm damit sein Letztes und Geheimstes offenbart und sich ihm ganz anvertraut – sich und alle seine Brüder.

Carl Zuckmayer

Als wär's ein Stück von mir
Horen der Freundschaft
Band 1049

Die Fastnachtsbeichte
Band 1599

Der fröhliche Weinberg/Schinderhannes
Zwei Stücke. Band 7007

Der Hauptmann von Köpenick
Ein deutsches Märchen in drei Akten
Band 7002

Herr über Leben und Tod
Band 6

Der Rattenfänger
Eine Fabel. Band 7114

Salwàre oder Die Magdalena von Bozen
Roman. Band 5729

Der Seelenbräu
Erzählung. Band 9306

Des Teufels General
Drama in drei Akten
Band 7019

Fischer Taschenbuch Verlag

fi 193 / 13

Stefan Zweig

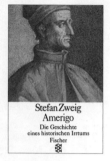  

Amerigo
Die Geschichte
eines historischen
Irrtums
Band 9241

Der Amokläufer
Erzählungen
Herausgegeben
von Knut Beck
Band 9239

Angst
Novelle
Band 10494

Auf Reisen
Feuilletons
und Berichte
Herausgegeben
von Knut Beck
Band 10164

Balzac
Herausgegeben von
Richard Friedenthal
Band 2183

**Begegnungen
mit Büchern**
Aufsätze und Einleitungen aus den
Jahren 1902-1939
Herausgegeben
von Knut Beck
Band 2292

**Ben Jonsons
»Volpone«**
Band 2293

**Brennendes
Geheimnis**
Erzählung
Band 9311

**Brief einer
Unbekannten**
Erzählung
Band 9323

Briefe an Freunde
Herausgegeben von
Richard Friedenthal
Band 5362

Buchmendel
Erzählungen
Herausgegeben
von Knut Beck
Band 11416

**Castellio gegen
Calvin oder Ein
Gewissen gegen
die Gewalt**
Herausgegeben
von Knut Beck
Band 2295

Clarissa
Ein Romanentwurf
Herausgegeben
von Knut Beck
Band 11150

**Der Kampf
mit dem Dämon**
Hölderlin, Kleist,
Nietzsche
Herausgegeben
von Knut Beck
Band 12186

Fischer Taschenbuch Verlag

Stefan Zweig

Drei Dichter ihres Lebens
Casanova, Stendhal, Tolstoi
Herausgegeben von Knut Beck
Band 12187

Drei Meister
Balzac, Dickens, Dostojewski
Band 2289

Europäisches Erbe
Herausgegeben von Richard Friedenthal
Band 2284

Das Geheimnis des künstlerischen Schaffens
Essays
Herausgegeben von Knut Beck

Die Heilung durch den Geist
Mesmer, Mary Baker-Eddy, Freud
Herausgegeben von Knut Beck
Band 2300

Die Hochzeit von Lyon
und andere Erzählungen. Band 2281

Joseph Fouché
Bildnis eines politischen Menschen
Band 1915

Magellan
Der Mann und seine Tat
Herausgegeben von Knut Beck
Band 5356

Maria Stuart
Band 1714

Marie Antoinette
Bildnis eines mittleren Charakters
Band 2220

Menschen und Schicksale
Band 2285

Phantastische Nacht
Erzählungen
Herausgegeben von Knut Beck
Band 5703

Praterfrühling
Erzählungen
Herausgegeben von Knut Beck
Band 9242

Fischer Taschenbuch Verlag

fi 191 / 8 b

Alice Herdan-Zuckmayer

Die Farm in den grünen Bergen
Band 142

Die Erlebnisse der Familie Zuckmayer auf der Backwood-
farm im amerikanischen Staat Vermont während der Emigra-
tion: Ein liebenswürdiges Buch und ein Zeugnis der Lebens-
zugewandtheit in schwieriger Zeit.

Das Kästchen
Die Geheimnisse einer Kindheit
Band 733

Die ›Geheimnisse einer Kindheit‹ werden in diesem Buch be-
schworen und mit ihnen eine ganze, längst versunkene und
uns doch noch so nahe Welt: die k. und k. Monarchie vor dem
Ersten Weltkrieg mit all ihrem Zauber, auf den nur hier und da
schon wie Schatten Ahnungen des nahen Untergangs fallen.
Als die Kindheitsträume zerbrechen, zerfällt auch diese Welt.
Privatestes Erleben und große Geschichte werden so in diesem Buch auf kunstvolle Weise miteinander verknüpft.

Das Scheusal
Die Geschichte einer sonderbaren Erbschaft
Band 1528

Mein Pate kam zurück zum Tisch und setzte sich neben mich.
»Höre mir zu«, sagte er, »du erbst wertvollen Schmuck, einen
kostbaren Pelz, schönes, echtes Silber. Der Hund gehört zur
Erbschaft. Er ist nicht wertvoll und schön, aber er ist eine
Verpflichtung.«

Fischer Taschenbuch Verlag

fi 1134 / 3